破案關鍵

指紋、毛髮、血液、DNA，
犯罪現場中不可不知的鑑識科學

陳用佛　鄒濬智　沈文聖——著

【推薦序一】

客觀分析鑑識科學與刑事司法實務

臺灣高等法院法官施俊堯

美國CSI: Crime Scene Investigation影集播出後，鑑識科學在民間與各大學，引起許多迴響且產生效應The CSI Effect，許多大學開設與刑事鑑識相關課程，美國各州高中也有將鑑識科學作為選修課程者。而民眾在觀賞影集後，對劇中主角在犯罪現場勘察、照相紀錄、蒐集物證，將物證交由實驗室的儀器與電腦操作後，快速順利比對出犯罪嫌疑人進而破案，或因此而有容易藉現場跡證採證與現代鑑識科技，即能順利偵破任何刑事案件的誤解。

事實上，鑑識科學與其他自然科學相同，都有人為操作與儀器誤差等相關問題限制。而現場跡證是否明確取得充分的質與量，可供分析比對，以及儀器限制、資料庫資料數量等，都影響跡證的分析比對，且縱使有跡證可資比對，例如在犯罪現場玻璃杯上，取得甲的指紋，只能客觀推定，甲曾經接觸過此玻璃杯，而無從直接據此推定全部的犯罪事實。

以真實的自動指紋比對系統Automated Fingerprint Identification System （AFIS）而言。CSI影集所呈現的指紋比對，為直接比對出嫌犯指紋與照片。但真實犯罪現場所採取的指紋，常因殘缺不全而缺乏足夠比對的特徵，或需要藉人工描繪補足，縱使輸入自動指紋比對系統電腦，也可能因資料庫中無適當指紋檔案，而無法比對，而電腦或許依據比對相符程度列出可能相符者，仍需要由人工進一步比對判讀，縱使列出最吻合者的資料，仍然需要人工進一步確認。

然而CSI影集所呈現的各類案件與鑑識科學應用，如果客觀予以分析，卻能提供刑事司法實務參考。

新北市金山區在幾年前，發生一件歹徒甲，於夜間尾隨國中女生乙，持刀性侵害得逞案件。乙由於恐懼，加上夜間視線不佳，無法描述甲的特徵。但當時承辦司法警察機關，依據性侵害犯罪防治法第十一條第一、二項（驗傷取證、保全證物及鑑驗）：「對於被害人之驗傷及取證，除依刑事訴訟法、軍事審判法之規定或被害人無意識或無法表意者外，應經被害人之同意。被害人為禁治產或未滿十二歲之人時，應經其監護人或法定代理人之同意。但監護人或法定代理人之有無不明、通知顯有困難或為該性侵害犯罪之嫌疑人時，得逕行驗傷及取證。取得證據後，應保全證物於證物袋內，司法、軍法警察並應即送請內政部警政署鑑驗，證物鑑驗報告並應依法保存。」規定，採取乙身上被性侵害後遺留之檢體，作DNA分析後，將分析所得STR（短重複序列）資料，輸入全國性侵害加害人去氧核醣核酸紀錄檔案資料，雖然因為無相同資料可資比對，但是仍然建檔在資料庫中，等待比對。

在一〇一年夏季，因民眾報案有一對男女在賓館爭吵互毆涉嫌傷害，警察前往處理後，雙方均表示告訴，該案雖僅為傷害案件，但承辦警察卻能依據法定程序取得該男性犯罪嫌疑人DNA檢體，且於送分析比對後，進而發現該男性的STR型別，與數年前新北市金山區，性侵害甲男的STR型別相符，遂通知甲到案製作筆錄，甲在警察詢問時，坦白承認犯罪，但警察通知乙製作筆錄，乙因當時無法指認，數年後更無法指認。警察遂以僅有DNA鑑定比對資料一項證據，移送檢察官，檢察官據以起訴，法院判決則判決有罪確定。

這個案件如同CSI影集，依據跡證與DNA科學鑑定，順利破案，但如果甲否認犯罪，則僅有一項DNA證據認定甲是否犯罪，如DNA鑑定證據有錯誤，是否有誤判可能？都是刑事司法實務值得思考的問題。

陳教授所撰寫的「你不知道的CSI：犯罪現場的鑑識科學」，將CSI影集不同案件所涉及的指紋、聲紋、血跡、毛髮、DNA、測謊、微物、油漆、縱火劑、毒品與毒物、工具痕跡、文書等各項刑事鑑識，以淺顯容易理解的說明方式，輔以照片或圖畫，可以使司法實務工作者從刑事鑑識科學基礎觀點，客觀理解刑事鑑識的分析理論基礎與鑑定過程。

這本書與物理、化學、生物刑事鑑識教科書不同的是，沒有艱澀的理論基礎與儀器操作原理，適合沒有自然科學背景的刑事訴訟當事人與刑事法律實務工作者閱讀，作為審查刑事鑑識證據的證據能力（合法）以及證明力（可信）時的參考，更可以藉此書基本刑事鑑識基本知識的介紹，進一步就具體刑事案件個案所涉及的各類刑事鑑識，培養深入探討的興趣，以及客觀分析刑事鑑識證據的能力。

【推薦序二】

凡走過必留下痕跡

中研院化學所　周大新

若論及那一項專業科技的內容涵蓋最廣，那必定非鑑識科學莫屬，鑑識科學是罪行的破解魔法。犯罪者為了掩飾其罪行，其手段常無所不用其極，故有必要運用所有可能的尖端科技，來解析犯罪的現場。凡是人類知識範疇能夠延伸到的領域，都是鑑識科學可以運用及發揮之處，它的多樣性與困難度也同時成為它最吸引人的特質。

凡走過必留下痕跡，這句話裡充盈著懷舊的情懷，但也流露出對於時間消逝的無奈。過去的情景已渺，欲將現場還原豈是一件容易的事；特別是犯罪的現場，很可能經過事前精心的布置與事後蓄意的破壞。偵查者必須從散亂的蛛絲馬跡中追索出事發當時的前因後果，而且必須對每一個關鍵細節都掌握到確切不移的證據，才能夠在法庭上提出無可爭辨的定論，達到勿枉勿縱的目的。

譬如犯罪現場遺留下來一片不起眼的油漆碎片，經過先進奈米科技的精準分析後，就會透露出豐富的資訊，包括油漆的成分、碎片的材質、刮痕的方向、碎裂的形狀等等，進而追索出其來源。解析時所用到的知識涵蓋物理學、化學、機械、奈米科技等自然科學。此外瞭解犯罪者的心態也同等重要，此一層面所涵蓋的知識範疇包括心理學、生物學、甚至人文及宗教史觀等，種種的分科十分龐雜，而心理變化的主體性強且經常無法精準的複製；但是若能將各種訊息放在一起交差比對，還是可以得到具體的結論。譬如測謊技術即包含了對瞳孔、眼球、血壓、呼吸、發汗、腦波等的測量後才能做出綜合性的判斷。隨著文明的進展，近年來科學技術已達奈米尺度，而鑑識科學的法力緊緊追隨著最新進的科技發展而大幅提升，的確已使現代的犯案者愈來愈難以遁形。

本書的作者陳用佛博士，從學生時期開始就被鑑識科學的精彩內涵所吸引，產生了極大的興趣，並規劃以鑑識科學為自己未來的志業。他從國立中正大學化學系畢業後，即進入紐約市立大學的刑事司法學院（John Jay College of Criminal Justice）專攻鑑識科學。這間學院在鑑識科學領域的水準領先全美國，是聞名國際的鑑識科學先驅者，李昌鈺博士的母校。用佛以三年多的時間讀完鑑識科學的碩士學位，再進入紐約市立大學攻讀奈米科技，於民國九十六年獲得博士學位。他先在德州的拉瑪大學（Lamar University）擔任一年半的助理教授，然後接受了中央警察大學的聘約，任教於鑑識科學系。可以說是國內少數的以鑑識科學為職志，而能貫徹其初衷的專業學者。

正是基於對鑑識科學的熱愛，用佛在教學的同時，也進行奈米科技的研究計畫，來引進最先進的知識。對於推廣鑑識科學，他具有很高的熱忱，想使一般人也能夠瞭解這門有趣且與大眾生活密切相關的科技。正因為刑事案件與每一個人的生活糾葛在一起，故它並不是一門象牙塔式的科學。瞭解一樁重大的刑案如何被破解，對整個社會都將具有正面的教育效果，一方面能夠讓心存不法的人有所戒懼，另方面也可使奉公守法者有所倚恃。

這本書可以當作趣味性的讀物，裡面有許多破解秘笈值得仔細品味；也可以當作通識教育的課本，因為所談到的內容都是基於嚴謹的科學，絕無怪力亂神式的臆測；更可以提供專業人士許多非傳統的思考方向，因為許多精密的科技當初並不是為了防範犯罪而設計研發的，卻能巧妙的轉換成打擊罪犯的利器。相信每一個人讀後都能獲得許多獨有的啟發。

【推薦序三】

鑑識科學普及書籍的先行者

臺灣鑑識科學學會理事長　孟憲輝

自古人類即有以科學方法解決犯罪問題的想法和作為，但受限於現代科學尚未發展及人權觀念仍未誕生，物證鑑定在歷史長河中僅綻放出零星火花，無法蔚為大觀。記載西元三世紀中國史實的古籍《三國志》述及兩個信史上最早的鑑識案例，在《魏志本傳》中，描述魏郡太守國淵運用偵查技巧和筆跡鑑定，查獲投書毀謗曹操的學者。《吳書孫登傳》則記載了吳國太子孫登進行彈丸比對，證明涉嫌刺殺孫登之嫌犯的清白，而將其釋放。可見鑑識科學不僅可將犯罪人繩之以法，更可為無辜的被告洗刷罪嫌，充分凸顯鑑識科學全面保障被害人和嫌犯人權的公正特性。

我國自一九三六年在南京馬群鎮創設中央警官學校起，開始在警官教育中教授現代鑑識科學知識技術，一九五四年中央警官學校在臺復校，更設置刑事警察學系，將系統化的鑑識科學教育納為培養偵查人才的重點領域。那時鑑識科技尚未發達，鑑識領域的廣度和深度都難與今日比擬，所以鑑識科學家多屬「通家」。他們對每個鑑定領域都具備一定程度的知識和技術，但也常受限於技術、方法和器材的不足，只能執行初步的鑑定分析，顯微觀察、指紋比對、呈色試驗和血型分析是早期鑑識工作的代表性技術。經過多年的研究、開發、累積與統整，鑑識科學的知識量暴增，大量先進鑑定技術推陳出新，造成鑑識領域的精細分工，各領域的「專家」次第產生。一九八九年，高瞻遠矚的顏世錫校長預見鑑識科學蓬勃發展的遠景，開世界鑑識教育的先河，在中央警官學校創設了鑑識科學學系，使鑑識科學教育專業化、學制化。中央警官學校更名為中央警察大學後，更陸續設立鑑識科學研究所碩士班和博士班，使鑑識教育體系更趨完善。

近二十餘年來，鑑識領域的分工日趨精細，「鑑識通家」已逐漸被「鑑識專家」所取代。以先進科技為基礎的搜尋採證技術成為現場勘查的寵兒，尖端影像技術和自動化比對資料庫成為物理鑑識的重要方法，各種分離技術和超微量檢測方法主宰了化學鑑識，不同類型的DNA鑑定程序成了生物鑑識的代名詞。刑事訴訟程序的交互詰問制度，更使鑑識人員不僅須熟悉鑑定技術和結果分析，也需有堅實的理論基礎，才能在法庭上從容回答各方詰問，跨領域專長之培育更行困難。幾乎所有介紹鑑識科學的專書或通論性教科書都由多位專家合著，其用途通常是大學課堂教材，著重理論探討和先進技術之描述，內容較為艱澀，難以和日常生活經驗結合，不易為普羅大眾所接受。導致以戲劇效果為訴求的電視影集和電影，成為民眾汲取鑑識知識的主要來源，部分誇大、不實、偏頗的內容造成民眾對鑑識科學的誤解，也使各界人士對鑑識科學產生不合現實的期待。

近年來科學技術普及教育受到高度重視，校園裡的科普教育可培養學生的興趣，發展其潛能，並提升自我學習能力。社會大眾學習科普知識，則有利於全面發展推廣教育，促進教育對象的全民化，利於鼓勵公民個性發展，創造出學習型和創新型社會。鑑識科技是確保國家安全、維護社會治安和保障人權的重要利器，其功能與大眾生活息息相關，人民若能經由科普教育學習鑑識知識，體會其精神與目的，形成守法觀念、精神與態度，建立正確的社會安全價值觀，而樂於共同維護治安，必可形成穩定社會治安的深厚力量。

任教於中央警察大學鑑識科學學系的陳用佛老師是我國鑑識學術領域的新秀，深深體會到鑑識科普教育的重要性，克服不同鑑識領域間的知識鴻溝，以趣味盎然的案例，深入淺出的詞語，獨力完成科普書籍《破案關鍵》一書。其內容涵蓋物理鑑識、化學鑑識和生物鑑識三大領域，就多個常見鑑識領域，從基本原理和觀念開始，到常用的技術與方法，予以簡潔易懂的生動描述，書中活潑多樣的附圖，更增添其可讀性。相信這本鑑識科學普及書籍的發行，不論對校園內或社會上的讀者，必能有效達成前述的科普教育目的。在佩服陳用佛老師的專業執著和積極行動力之餘，期能藉由這篇短文，向所有對鑑識科學有興趣的讀者推薦本書。並期許

《破案關鍵》這本書能成為鑑識科普教育的先行者，在未來引領出更多觸及不同範疇的鑑識科普書籍。也期盼在廣大來源讀者的參與過程中，讓鑑識科學不斷獲得創新和改進，讓全體人民在科普教育的潮流下，不停學習，不斷思考，一齊建構正確觀念，建立永續發展的健全社會。

【作者序】

鑑識科學在台灣

陳用佛

談到鑑識科學（forensic sciences），東方的鑑識科學起源很早，《三國志．吳書》裡就有一項鑑識記錄的記載：吳國太子孫登出遊時，差點被彈丸攻擊，下屬逮捕了一名嫌犯，搜出嫌犯身上帶有彈丸。當嫌犯不承認罪行而下屬要對他刑求時，孫登取來差點打中他的彈丸和嫌犯袋中的彈丸做比對，結果並不相符，孫登便將他釋放了。這是中國最早的科學鑑識紀載。而鑑識科學的一環——法醫學也可向上追溯至中國宋代，被奉為全球最早的一部完整法醫學專書，乃宋代法醫學專家宋慈所著的《洗冤集錄》。在現代，《洗冤集錄》仍被稱頌不絕。

對臺灣鑑識史具有深遠影響的案子是一九八〇年所發生的李師科銀行搶案。當時由於警方急於破案，刑求首先被補獲的嫌犯王迎先。王迎先屈打成招後投水自自殺以證明自己的清白，輿論譁然，促使刑事訴訟法修訂「王迎先條款」——刑事訴訟法第二十七條：「被告得隨時選任辯護人。犯罪嫌疑人受司法警察官或司法警察調查者，亦同。」意即偵訊時嫌犯可以要求律師到場提供協助。於是在無罪推定的前提下，警察單靠傳統的偵查手法已難以破案。因為要將真兇繩之於法，必須講求強而有力的物證。也因此，物證的重要性在愈來愈重要，鑑識科學於是日益受到重視。

臺灣鑑識科學偵查之始可追溯至民國三十五年。內政部於民國三十五年設立警察總署以掌理全國警察事宜，並在警察總署下設置刑事處。刑事處所掌理的事項包括刑事警察應用之科學設備事項以及刑事鑑識之審核事項。光復初期，臺灣地區在省行政長官公署下設警務處；警務處下第一科則設立鑑識股。民國三十五年，警務處下成立刑事室，其下有鑑識、調查、研究股之設置。民國三十六年，警察總署設立刑事實驗室，綜理全國刑事警察之技術督導協調事宜。其組織依當時實際需要，分設照相、指紋、電器、理化、法醫、驗槍、跡證測驗與保管、警犬以及警鴿等九組。

刑事實驗室成立之後，除了捺印全國大赦人犯指紋，並計劃選擇各地刑事警察技術人員調來警察總署實習，學習技術上及其他鑑識相關學識，以充實各刑事警察幹部之素質，並依照地區之重要與實際需要，充實各地警察隊的科學設備。

民國三十八年，政府播遷來臺，臺灣省警務處成立刑事警察總隊（刑事室和刑事警官大隊合併成立之）下設第二課（技術課）辦理刑事鑑識工作，並分置指紋、法醫、驗槍、照相、理化、電氣以及警犬（鴿）等七個股。民國四十一年，驗槍股與文書鑑定，合併為鑑識股。民國四十七年，警務處將刑事警察總隊改編為刑事警察大隊，技術課改為刑事實驗室，至此就由刑事實驗室負責全國的鑑識工作，並分別設置理化、照相、電氣、測謊、印文、痕跡以及法醫等七個組。

民國五十五年，因社會人口的迅速增加與犯罪問題的日趨複雜，刑事實驗室便積極增新刑事科學設備，並將原有的七個組，擴改為心理、文書、痕跡、槍彈、法醫、毒物、物理、化學、照相以及電氣等十個研究組，以研究辦理刑事科學鑑識工作。民國六十二年，成立警政署刑事警察局，指揮監督全國刑事警察工作。刑事鑑識科技偵查單位為鑑識科、指紋室、法醫室以及刑事科學研究室，以辦理關於刑事鑑識業務之規劃和督導，以及證物之檢驗與鑑定等事項。

民國五十六年，臺北市升格為直轄市，所屬刑事警察大隊設行政、偵查、紀錄、檢肅與扒竊等五個組及三個偵查隊。其中鑑識單位仍負責科技偵查。民國六十七年，高雄市升等直轄市，所屬刑事警察之組識，大致與臺北市相同。

民國九十一年奉內政部核定刑事局整合鑑識科、指紋室及法醫室以任務編組方式成立「刑事鑑識中心」，並於次年二月二十一日掛牌運作。爾後，為因應科技辦案時代需求，各縣（市）警察局於民國九十四年七月一日成立鑑識課，鑑識單位由原刑警隊鑑識組獨立為課。民國九十九年十二月二十五日配合五都升格，直轄市設立刑事鑑識中心，以強化科學鑑識能力，提升刑案偵防效能。

一九八六年代後期，英國研發出DNA 比對分析技術後，連帶提升全球鑑識科學的成熟度；而「C.S.I.犯罪現場」影集系列（CSI：LV、CSI：Miami、CSI：NY）長期的播放，也吸引更多社會各界對鑑識科學的關注。但是熱門影集為了追求收視率，內容有很大比例的失真，這也讓一般大眾以為無論多困難多複雜的案件，只要鑑識實驗室有訓練精良的團隊、新穎的儀器設備和無所不包的資料庫，扣除廣告時間後，各類案件便能夠在短短四十多分鐘內獲得解決！但實際上或有物證難以尋得，又或者有機器所跑出的分析結果無法判讀等讓案情陷入膠著的情況。再者，鑑識科學實驗室人員也不像影集所呈現的那樣地參與第一線偵查行動、詰問逮捕嫌犯，做出失去了科學家專業，又侵犯到警探職權的事情來。

雖然C.S.I.影集的播放讓現階段各國政府投入鑑識科學研究的資源提升了不少，情節搬演當中也確實提出了一些鑑識科學的基本知識；部分編劇的天馬行空，更啟發了新的鑑識科學研究方向。但因為影集的誤導，讓社會大眾對鑑識科學人員有過度不切實際的期望，這是亟待澄清的。

社會大眾對鑑識科學充滿好奇，主要是案件的多元性與和人民息息相關。坊間曾出版許多的鑑識科學相關科普書籍，這些書籍大部分由原文書籍翻譯成中文，因為譯者對鑑識科學缺乏正確的瞭解，常有詞不達意甚至不正確的解釋，造成社會大眾對鑑識科學的錯誤認知。因此，筆者希望能藉由本書，將鑑識科學背後的科學原理以深入淺出的方式進行釐清，希望能藉此導正由C.S.I.影集效應所造成的錯誤觀念，向社會大眾介紹最正確且真實的鑑識科學。

本書之所以能順利出版，除了另兩位共同作者中央警察大學通識教育中心鄒濬智助理教授協助編撰並潤稿，以及碩士班研究生沈文聖提供其物理之專業知識協助本書之撰寫外。更要感謝中央警察大學鑑識科學學系及科學實驗室全方位協助與指導；鑑識科學學系孟憲輝教授對於本書每個章節提供其多年鑑識領域專業建議，讓本書能夠以更成熟的面貌與讀者見面；筆者科學領域的導師中研院化學所周大新教授對於用佛在學術道路上多年來的鼓勵與支持。臺灣高等法院施俊堯法官對於鑑識科學與刑事司法實務之連結提出其獨到的見解。調查局鑑識科學處蒲長恩副處長、前台北市政府警察局刑事鑑識中心謝松善主任對於本書的鼓勵以及筆者的勉勵，筆者深受感動。清華大學戴明鳳教授、中山大學謝淑貞教授、台灣大學陳珮珊教授、中央警察大學蕭銘慶教授、宜蘭大學陳正凡教授、台北第一女子高中李美英老師、中壢高中張盛綱、科學人李名揚主任以及推理作家冬陽、呂仁，感謝以上各位先進對於本書的心得分享與建議，能讓本書更進步。

另外要感謝鑑識科學研究所博士班研究生陳俊傑、本實驗室首位碩士畢業生陳躍翔提供微物照片；研究助理劉倩妤、蔡東霖、陳軒振、詹承勳、王玥淳、謝宛錚以及碩士生鄭司圓、吳旭恆、李智協助排版、繪圖與校正。

同時筆者也要以本書來向家人表示謝意：讓我無後顧之憂的內人雅琪，以及每天用笑臉給爸爸充電的女兒小毛豆，沒有妳們，這一切的努力都毫無意義。最後，筆者願將這一切榮耀都歸功上帝：「你手若有行善的力量，不可推辭，就當向那應得的人施行。」（箴言3:27）

CONTENES

【前言】

鑑識科學是什麼？

美國鑑識科學學會於一九九三年所下的定義：鑑識科學是採用科學原理與技術以實踐刑事、民事與法律等規定中的司法公正。

Forensic Science is the application of scientific principles and technological practices to the purposes of justice in the study and resolution of criminal, civil, and regulation issues. AAFS Board of Directors, 1993.

廣義的鑑識科學泛指運用於法律上的科學；換言之，鑑識科學是將科學知識及技術運用在執法方面的科學。隨著社會越趨複雜，鑑識科學必須依靠法律所賦予的權力來規範人們的活動。

為了因應成長驚人的犯罪率，立法部門持續不斷地增訂與修正法律；為了回應公眾對於犯罪率的關切，執法部門也不斷地加強他們的巡邏和偵查技能。與此同時，相關部門亦積極地向科學界諮詢和尋求技術上的協助。雖然就社會和心理因素所引發的犯罪問題，科學不能提供最終及權威性的解決方案，但在刑事司法方面，科學家能就犯罪現場，提供準確的判斷和客觀的資訊。如果能加強執法人員對科學的瞭解並妥善的將科學運用在犯罪偵查中，將有助於破解許多未解的懸案。

考量到在社會上的應用層面及其所牽涉到的民事、刑事法律範疇，廣義的鑑識科學內容實在是包山包海，當然很難將其內容都收入單一本科普教材中。因此本書在寫作上必須限縮鑑識科學這一主題的範圍，並將鑑識科學狹義地定義為：鑑識科學是刑事司法系統中，警政機關應用於刑事和民事法律的科學。鑑識科學泛指運用各行各業的知識技能以幫助執法人員進行偵查行動的一種科學。

已成立六十多年且為目前為世界上最大的鑑識科學組織——美國鑑識科學學會，曾將鑑識科學分為十一個領域：

一、刑事鑑識（Criminalistics）

二、工程科學（Engineering Science）

三、一般科學（General Science）

四、法律學（Jurisprudence）

五、齒科學（Odontology）

六、病理學/生物學（Pathology/Biology）

七、體質人類學（Physical Anthropology）

八、精神與行為科學（Psychiatry and Behavioral Science）

九、問題文件（Questioned Documents）

十、毒物學（Toxicology）

十一、數位以及多媒體科學——數位鑑識（Digital & Multimedia Sciences）

此外再加上其他如：指紋鑑識、槍枝鑑識、工具痕跡鑑識、攝影等實際運用的科技，即略為本書所說的狹義的鑑識科學內容。

刑事鑑識技術與日俱進，也涵蓋了執法部門科學應用的重要領域。所以本書的重點主要聚焦在為人熟知且在刑事實驗室中被充分運用的科學。希望透過本書對C.S.I.影集刑事實驗室所採用的物理和自然科學原理的介紹，幫助社會大眾理解這些科學技術的具體應用方式。

鑑識科學的發展史

鑑識科學的起源可以追溯到幾個世紀前。可考的歷史文獻清楚記錄人們藉由嚴密觀察證物與應用基礎科學的原理以解決犯罪問題的實例。近代，鑑識科學日益精密，並極臻系統化和現代化。

起源

應用鑑識科學來解決犯罪案件最早的紀錄之一，見於十三世紀的古代中國犯罪紀錄手稿《疑獄集》。書中提到官員如何識破某女子殺害丈夫並焚屍滅跡的詭計。在此案件中，女子宣稱丈夫係被火災意外燒死。官員於是取來兩頭豬，將其一活活燒死、其二先殺死後再焚燒。接著分別檢查二豬屍體。實驗顯示活生生燒死的豬，口中有煙灰，但先殺死後焚燒的豬，口中卻沒有灰燼。官員根據此一結果複驗丈夫屍體，發現他口中並無煙灰，因此推斷其妻是謀殺丈夫後再行焚屍滅跡。儘管中國此一驗屍的案例十分重要且先進，但這種將科學應用於犯罪偵查的方法在當時而言是例外而非常態。

十七世紀以前，發展有限的解剖學和病理學使得鑑識科學的發展受到阻礙，直到十七世紀後期才有了些許進展：一六八六年義大利波隆那（Bologna）大學的解剖學教授馬賽羅・馬爾皮斯（Marcello Malpighi）發現了人類指紋的特徵，可惜當時馬爾皮斯並未意識到指紋能作為身分鑑定的此一用途。有關指紋特徵的學術論文也遲至一個多世紀後才由他人發表。

到了十八世紀，瑞典化學家卡爾・威爾海姆・敘勒（Carl Wilhelm Scheele）發明測定屍體中砷毒物的檢驗方式，此一應用化學於鑑識科學方面的突破，同時也是幫助鑑識科學水準向前邁進的重要契機。一八〇六年，這一檢測方式得到德國化學家瓦倫泰恩・勃斯（Valentin Boss）的改良。瓦倫泰恩找出了更精確檢測受害者胃壁上少量砷殘留的方法。稍後，被視為是「刑事毒物學之父」的西班牙人馬修奧爾菲拉（Mathieu Orfila）在一八一四年出版了第一本關於毒物檢測及其對動物產生何種影響的著作，這本著作被公認是刑事毒物學的重要著作之一。

十九世紀中葉，一連串科學領域的進展刺激了鑑識科學領域的大躍進。一八二八年，威廉・尼克（William Nichol）發明了偏光顯微鏡。十一年後，亨利・路易・勃德（Henri-Louis Bayard）制定了第一個以顯微鏡觀察精子的方法。與此同時，鑑識科學領域也發展出血紅蛋白結晶試驗（一八五三年）和血液初步確認試驗（一八六三年）方法，其結果也順利地應用到刑事案件的審判當中。一八三九年，蘇格蘭化學家詹姆斯・馬斯（James Marsh）檢驗出某刑案受害者的體內確實有砷，這是毒物證據首次被應用於審判中。十九世紀五〇年代到六〇年代，新開發出來的攝影科學技術也在記錄囚犯和記錄犯罪現場這方面派上用場。

十九世紀末期

十九世紀末期，開始有執法人員投入鑑識科學的相關研究。法國鑑識科學家阿方斯・柏帝隆（Alphonse Bertillon）應用人類學和形態學（生物有機體結構的研究），於一八七九年設計出「人身測量學」。「人身測量學」是一個系統化的程序，涉及了一系列的人身測量，其結果能作為身分鑑定依據。將近二十年裡，該系統被認為是最準確的身分鑑定系統，直至二十世紀初才被指紋技術所取代。柏帝隆的努力也為他贏得了「刑事鑑識之父」的美名。

而在柏帝隆（Alphonse Bertillon）「人身測量學」系統發表的前兩年，美國顯微鏡學家湯瑪士・泰勒（Thomas Taylor）已發現到指紋可以作為一種身分鑑定的根據，只是他的想法在當時並未獲得學界的認同。三年後，蘇格蘭醫生亨利・福爾茲（Henry Faulds）在《自然》雜誌上發表的一篇論文中提出了類似的主張；英國人弗瑞西斯・亨利・高頓（Francis Henry Galton）則進行了第一次關於指紋的明確研究，並開發出一種指紋分類建檔的方法。一八九二年，高頓（Francis Henry Galton）出版了《指紋》一書，該書是第一個藉由統計證據佐證指紋鑑定方法的書籍，書中所提出的理論也還仍是現今指紋辨識的基本原則。

一八九三年，在奧地利擔任檢察官、法官等職的漢斯・葛羅斯（Hans Gross），花費多年的時間研究和發展有關犯罪偵查的原則，並出版了第一本將科學應用到犯罪偵查領域的著作：《檢察官驗屍參考手冊》（Handbuch für Untersuchungsrichter als System der Kriminalistik），這本書的出版等於宣告司法人員和科學家正式攜手合作。

二十世紀的突破

二十世紀科學技術進步飛快，也帶動了鑑識科學的新一波進展。一九〇一年，卡爾・蘭斯坦德（Karl Landsteiner）博士發現血液可被分成A型、B型、AB型及O型；義大利Turin大學法醫學院的教授薩拉里歐・拉特斯（Leone Lattes）嘗試將血型與身分鑑定進行連結，並於一九一五年設計了一個相當簡易的乾燥血跡血型檢驗方法，這項技術立即被應用到犯罪偵查領域上。

與此同時，阿爾伯特・奧斯朋（Albert S. Osborn）在文書鑑定領域取得了開創性的成果。一九一〇年，他發表了第一本有關文書鑑定領域的成果，奠定了文書鑑定科學的基礎，該書除了為文書鑑定立下基本原則，也使得文書證物為法院所接受並將之視為科學性的證據。

具有醫學和法律專業的艾德蒙・路卡（Edmond Locard）是二十世紀鑑識科學發展歷史中的關鍵人物。路卡最為人所稱道的是他提出的「交換原理」（又稱路卡原理）：當兩個物體彼此接觸到，物質便會有交互轉移的情況發生。路卡堅信可以藉由罪犯從犯罪現場帶走的粉塵顆粒來連結罪犯及犯罪現場，而此一理論也經由他本人在實際案例中得到驗證：在一偽造貨幣案件中，有三名可疑犯罪嫌疑人。路卡請警方將犯罪嫌疑人的衣服送往他的實驗室進行檢驗，結果在這些衣服上發現都有微小金屬顆粒附著，進一步經過化學分析得知這些微小金屬顆粒和硬幣的金屬元素完全相同。犯罪嫌疑人因此被拘提，並很快對犯罪事實供認不諱。

一九一〇年，路卡說服了里昂（Lyon）的警察部門給他兩間閣樓和兩名助理以進行犯罪實驗室研究。雖然路卡能運用的設備僅止於顯微鏡和基本的光譜儀，但在如此艱困的條件中，路卡完成了許多不可能的鑑識任務，他也成為里昂大學犯罪學研究所的創始人。這個機構之後更迅速發展成為引領國際鑑識科學的研究中心。雖然漢斯・葛羅斯是第一個公開提倡將科學方法應用在犯罪偵查上的人，但路卡是演示如何將葛羅斯提出的科學原理與犯罪實驗室進行結合的關鍵人物。

二十世紀甫始，顯微鏡便被廣泛地應用在鑑識科學上。世界上最卓越的顯微鏡學家華特・麥克隆（Walter C. McCrone）博士是應用顯微鏡於鑑識科學領域的重要推手。他常將顯微鏡與其他分析方法結合，用以檢驗多樣化的刑事和民事案件證物。麥克隆博士經手過著名案件有具高度爭議性的耶穌裹屍布（Shroud of Turin，杜林布衣）以及文蘭地圖（Vinland Map）等。他培育出數千名將顯微技術應用到鑑識科學領域的科學家，這些科學家也在世界各地的鑑識科學單位持續發揮他們的影響力。

另一個刑事顯微鏡學開拓者是美國陸軍上校凱文・歌爾德（Calvin Goddard），他發明了使用比對顯微鏡鑑定槍彈的技術。歌爾德的發明成果使得犯罪偵查員得以檢驗出已發射過的子彈是否與嫌犯槍枝射出的試射子彈相符合。歌爾德的發明成果使得比對顯微鏡成為了現代槍枝鑑定不可或缺的重要儀器。

當代的鑑識科學

二十世紀中期以來，資訊科技的突飛猛進使得人們所能掌握的知識和取得的方式有了爆炸性的發展。先進的技術當然也被廣泛地應用到鑑識科學當中。比如：色層分析法、分光光譜法和電泳法等技術的應用，這些技術使得當代鑑識科學家可以在檢驗過程裡指出極準確的差異度，並用以辨別犯罪嫌疑人身上的證據。哪怕是某一證物的極微小碎片，鑑識學家也能將它連結到一個特定的人或是特定的地方。

二十世紀末及二十一世紀中在鑑識科學中最重大的進展無疑是DNA型別的發現及其分類。一九八四年，艾利克・傑佛瑞斯（Alec Jeffreys Jeffries）爵士進行了第一個DNA分析試驗。兩年後，在一起殺害兩名英國籍少女的案件中，艾利克・傑佛瑞斯利用DNA進行比對，確認出兇嫌的身分。一九五〇年代到一九六〇年代的科學突破，使得DNA型別成為執法人員辨別犯罪嫌疑人身分的強大工具。結合前述的當代分析技術，即使現場只採集到少量的證據，也足以取得提供辨識的確切結果——DNA型別分析在鑑識科學領域發揮了革命性的影響。

各種資料庫的建立則是當代鑑識科學上另一個重大的進展，比如指紋、槍彈和DNA資料庫的建置，使得執法人員隨手可得成千上萬的數據以用來進行案件證物的比對。這大大的縮短了分析證物來源的時間，提升了警察和犯罪偵查工作的效率和可信度。

我看鑑識科學

即使是創造出著名偵探小說人物夏洛克・福爾摩斯（Sherlock Holmes）的柯男・道爾爵士也無法想像今日科學應用在犯罪偵查領域的範疇之廣。以上簡短的敘述當然也無法完整概括鑑識科學的歷史發展及它在司法領域的應用。但它應該提供了一些扼要的資訊，得以讓對鑑識科學充滿興趣的社會大眾了解到幾件事：

一、和人們生活息息相關的各種科學都能加以應用而成為鑑識科學。

二、任何案件，都能找到恰當的鑑識科學工具來分析其蛛絲馬跡。

三、沒有破不了的案子，如果有，也只是鑑識科學還沒發展到那個層次而已。

1 舞紋弄墨
——極限運動家之死

拉斯維加斯第三季第十集

影集劇情提要

一名男子從空中摔落致死，身上的滑翔傘繩已經破損。但經過法醫驗屍，男子死因卻是窒息而亡。鑑識人員透過死者身上的紋身確認了死者的身分——死者本身是一個滑翔傘愛好者，雖然藝高人膽大，但卻傲慢驕縱。鑑識人員調查後發現同屬一個滑翔傘俱樂部裡的某位成員和死者不和。調查發現死者原先慣用的滑翔傘確實被他破壞過。不過死者後來借用而發生破損的卻是俱樂部教練的備用傘。

鑑識人員檢查備用傘的繩索斷裂面後認定其斷裂導因於正常的磨損，並不是人為的有意破壞，而原先在死者上升到高空時供應氧氣的氧氣瓶也完好無損，真正受到破壞的只有死者向教練借用的高度計。鑑識人員接著在高度計上找到死者對手的指紋。原來死者對手為了教訓桀驁不馴的死者，故意把他原先的慣用傘弄破，再把俱樂部教練備用傘的高度計調低，使得死者錯判飛行高度，來不及啓用氧氣瓶而窒息死亡。

破案關鍵

指紋因其永久不變、人各不同的特性，使得我們得以利用指紋進行身分鑑定、人別分析。但是否於現場門鎖或凶器上找到指紋，便能說明該指紋的主人就是兇手呢？本案死者所用的高度計確實採到不屬於死者的指紋，經比對這些指紋的主人正是死者所屬俱樂部的教練所有。不過高度計的主人本來就是俱樂部教練，教練在自己的高度計上留下指紋合情合理。然而，我們卻在高度計上發現不可能出現的死者死對頭的指紋。這枚可疑指紋的發現，終於使兇手俯首認罪。

古代就有的的身分證明：指紋的最早應用

我們的老祖先以及巴比倫人早在數千年前就已經在生活中應用指紋：當時的社會，在有關生意細節的契約上必須按捺指紋。可見以不同的指紋代表不同的個人是在當時被廣泛接受的事。西元一八八〇年，弗朗西斯・高爾頓（Francis Galton）公爵撰寫第一本指紋學教科書，並且提出第一套指紋分類方法。之後阿根廷的朱安（Juan Vucetich）警官改良高爾頓（Galton）公爵的指紋分類系統，並成為第一位將指紋檔案用在刑事偵查的人。西元一八九七年英國駐印度的高級警官愛德華・理查德・亨利（Edward Richard Henry）提出亨利指紋分類系統，這個系統於一九〇一年為蘇格蘭警場所使用。但一直到二十世紀二十年代中期後，指紋分類系統才被全球廣泛使用。

迷宮裡的秘密：指紋痕跡是由什麼組成的?

看看自己，身體的表面各處佈滿了毛細孔和毛髮，可是在手掌及腳掌的地方卻沒有這些東西。在演化的過程當中，為了增加手掌和腳掌的抓握力，手指和腳趾的第一節內面發展出特殊的凸起紋路——指紋。每個人每隻手指及腳趾指紋各有著各種不同的形狀，指端汗腺也會一直分泌含有機與無機物的分泌物以幫助增加抓取時的附著力。當我們接觸到物體時，物體的表面就會留下這些分泌物殘跡，所以指紋具有「觸物留痕」的特性。

指紋接觸物體表面時所留下來的痕跡，其中有百分之九十八點五的水分，百分之一有機物質以及百分之零點五的無機物質。有機物包含乳酸、脂肪酸、核黃素、維他命、葡萄糖、蔗糖、氨、尿素、胺基酸、蛋白素、肌胺酸酐、蛋白質、同凝集素原等；無機物有鈉、鈣、鉀、氯、磷酸根、碳酸根、硫酸根離子等。由於指紋痕跡含有這些物質，便構成了鑑識科學中，利用其他物質與這些東西結合以顯現指紋痕跡的基礎。

嫌犯在進行犯罪行為過程中，很難不去用手觸碰到其他物品，因此在犯罪現場尋找嫌犯可能留下的指紋痕跡，是犯罪鑑識的重要工作。為什麼指紋痕跡可以成為破案的關鍵呢？這是因為每個人的指紋都不盡相同，甚至擁有相同DNA的同卵雙生雙胞胎亦擁有不同的指紋。因為DNA雖然讓他們的生物特徵雷同，但在胎兒時期，他們在母體內所接受到的環境並不完全一樣，母體環境直接影響指紋紋型的生長。

那麼人的指紋有哪些特殊的性質呢？

客製化生產：指紋因人而異

指紋因人而異，且不受遺傳影響。十八世紀，有些學者認為地球上幾億的人口，總會找到有指紋相同的人，但是後來檢查世界各國的指紋資料庫，在所有的指紋卡上實在找不出兩個完全相同的指紋，這才確立了指紋因人而異的特性。一九一〇年法國巴黎大學教授勃太柴（Victor Balthazar）用數學統計方法規納指紋紋線之起點、終點、分歧、眼形狀等特徵點，若以每枚手指指紋平均具有一百個特徵點、每人有十隻手指計算，當地球人口約達$3x10^{49}$時，才有可能發現有指紋完全相同的兩人；換句話說，找到二個指紋相同的人，在地球上根本是不可能的事，就真的有，他們也不太可能生存在同一個世紀。

品質保證：指紋永久不變

人在母體內一百至兩百天時，指紋就已經全部形成。然而紋路及形狀從出生到老死都不會有所改變。為了證實這個現象，十九世紀末，有一位德國人類學家威爾氏（Will's）及英國學者賀須爾氏（Hexuershi）都先後留下指紋，經過二十年以上的時間後再回過頭來進行比對，發現指紋幾乎不受時間的影響而改變。永久不變的特性，是指紋跡證被用來偵辦犯罪的重要原因之一。

凡摸過必留下痕跡：指紋有痕跡

指紋每條紋路的凸紋上都佈滿了許多汗孔，隨時都不斷地分泌汗液，這些分泌物除了水分之外，還有脂肪、蛋白質、尿素及其它有機混合物，它的特性是黏性特別強，揮發很慢，可以在物體上保留很長的時間。人體在精神亢奮時，汗腺排泄的分泌物會特別多，犯罪者在作案時一般都很緊張、很焦慮，所以他們如在現場裸手接觸物體，幾乎是凡觸摸過必定留下痕跡。

浴火不死鳥：損而復生

人體的皮膚組織具再生的能力，而手指皮膚的再生能力比起其它的部位又特別的強。指紋主要從皮膚組織的真皮層根部生成，除非是受到劇烈創傷，深入皮下組織，破壞其生理組織而形成疤痕，否則表皮、真皮部分輕微的創傷，經過一段時間之後，指紋的紋路仍然會再長回來，恢復到原有的樣子。曾有人嘗試以強酸與強鹼來將指紋完全破壞移除，但從疤痕外的紋路仍可尋求出特徵點，這樣具有疤痕的指紋也更容易而成為供鑑識專家辨識的獨一無二特徵！

原形畢露：採集指紋痕跡的方法

犯罪者接觸不同性質的物體，會留下來不同的指紋痕跡。面對不同的指紋痕跡，希望能採集到最清楚指紋痕跡的方法也就各不相同。如果犯罪者在黏土、濕軟泥土或油漆水泥上按壓過後，所留下來的指紋便是立體的紋型——成型紋。要找到成型紋的話，只需利用低角度審視加上逆光檢查，譬如同白天時段，仔細端望靠近落地窗的地板，利用從窗外投入的光線，就可以清楚的看到地上的腳掌印。

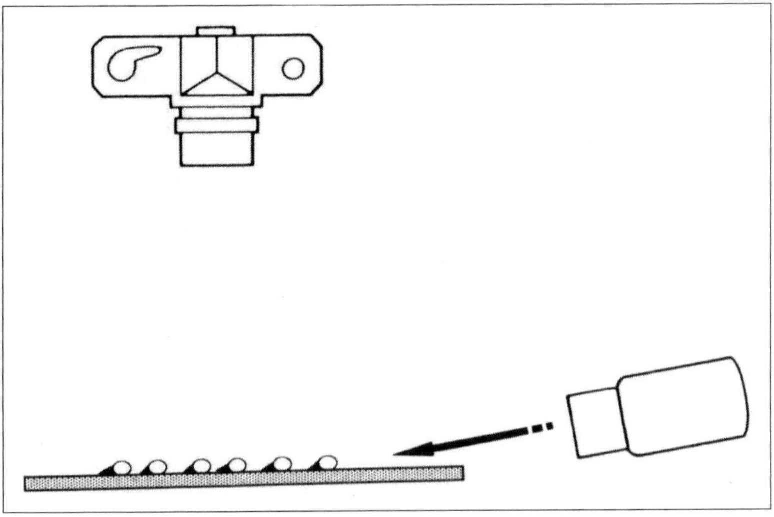

圖1-1　低角度斜光圖

圖解：斜光或低角度打光，造成的陰影使反差增加，指紋因而呈現。

能輕易用肉眼即可清楚辨別的叫作明顯紋。譬如沾了血跡的手按壓在另外的物體表面上所形成的血手印即是。而明顯紋又分為「陽紋」和「陰紋」：陽紋如同蓋印章，是指紋的指脊沾染有色物質或灰塵後，接觸物體時留下的指紋印；陰紋則是利用不同角度的打光所看到的反射指紋，含油脂較多的指紋在打光之下變得不透明（灰白），且指紋的間隙變得比較空透（顏色深）。

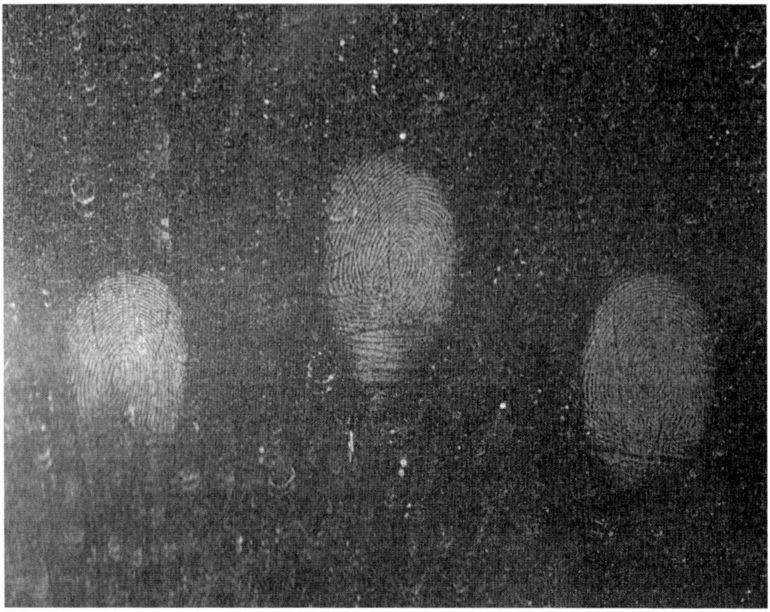

圖1-2　利用打光角度拍攝的車窗玻璃上含脂質多的明顯陰紋指紋。

基本上，成型紋和明顯紋已經非常明顯，一般都是將其原件攜回處理，而無法帶走的，就當場照相或用矽膠、石膏等灌注製造成模型後攜回。不過還有一種肉眼看不見的指紋，叫做潛伏紋。這種指紋主要留在表面粗糙或表面顏色單一的物體上。因為肉眼無法輕易看見，所以必須要透過物理或化學方法來讓它顯現。

潛伏紋的採取依情況不同，施用各種不同物理方法或化學藥劑，讓指紋變得明顯後，再以指紋膠紙或攝影來保存影像。因應沾有指紋的背景物質材質和顏色的不同，又或者是因應指紋殘留物質之不同，使用的物理或化學顯現方法也就不一樣。一般常見的主要有粉末法、氰丙烯酸酯法、寧海德林法以及酚酞法四種。

粉末法

因為指紋痕跡存在有水分，而水分有吸附粉末的特性，所以使用粉末來使指紋顯現的方法就叫做粉末法。具體做法是先將軟毛刷沾上或用噴霧器裝上各種不同顏色的粉末，再灑置在有指紋的非吸水性物體上，之後再用軟毛刷輕輕掃刷。這樣一來，指紋痕跡就會因為沾附了粉末而顯現出來。然後再用照相或透明膠帶把它保存起來便可。常用的粉末有黑色鐵粉、紅粉、灰鋁粉等。如果指紋痕跡留在淡色物體上，就使用濃色粉末，反之則使用淡色粉末，如此才能增強比對效果，讓呈現出來的指紋變得清晰。

氰丙烯酸酯法

氰丙烯酸酯法又稱三秒膠法，它利用三秒膠與指紋中水分結合後會產生白色固狀物的原理來顯現指紋。其使指紋顯現的原理在於指紋中之水分及其他含陰離子的物質作為催化劑，促使氰丙烯酸酯產生聚合反應。丙烯氰具極端活化性，其氣體與指紋汗液中之脂質、脂肪酸、胺基酸、蛋白質等形成丙烯氰聚合體，在液態及氣態均能進行自發性聚合。任何物體表面之微量溼氣及氧氣均能觸發瞬間之聚合作用而與之黏接，形成白色粒狀，不易消失。和粉末法相同，這個方法只能利用在指紋痕跡遺留在不吸水材質的情況下。此種方法須先將需要顯現指紋的檢體放到密閉空間中，再將三秒膠加熱蒸發，氣化三秒膠就會附著到檢體上的指紋痕跡而使其顯現出來。

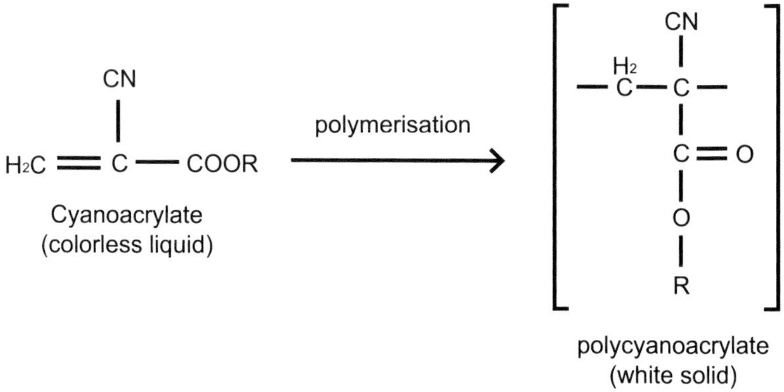

圖1-3　氰丙烯酸酯反應式

圖1-4　使用氰丙烯酸酯法顯現之的指紋

寧海德林法

指紋痕跡中除了水分，還有其他成分如胺基酸、蛋白質、氨等物質反應，生成深紫色的產物。寧海德林試劑和胺基酸結合後會變成藍紫色錯合物。由於寧海德林和胺基酸而不是和水分起作用，所以這種方法普遍被用在採集易吸水性物體上的指紋痕跡。寧海德林可以使吸水性物體上的指紋顯現，主要是一部分成分會分解，另一部分氨基酸溶於汗液中大量的水而逐漸滲入纖維內。

酚酞法

如果歹徒留下的血掌印是印在和血液顏色相近或顏色暗深的物體上，那該如何讓指紋痕跡顯現出來呢？這時可以使用酚酞加以沾塗。血液裡含有血紅素可以使氧化物（如過氧化氫）分解而分離出氧，進而使原來無色的化學試劑，產生氧化作用而改變顏色。因為酚酞會和血液中的血紅素進行氧化還原反應，如有血紅素存在，酚酞處於還原態而呈現粉紅色，粉紅色很容易和深色的背景顏色分離辨別。

除了用簡易的物理和化學方法來讓物體表面上的指紋呈現出來，還有一種光學辨識方法。這種方法主要運用在辨識活體的指紋上頭。它主要利用光學機器讀取立體的指紋，再進而加以辨識。此種技術廣泛的被市面上的指紋辨識機所採用。

橫看成嶺側成峰：指紋形態的分類與比對

採回指紋之後，要從哪些地方來判讀指紋的特徵，從而比對已知的和未知的指紋是否屬於同一個人呢？首先必須要做的工作就是粗分指紋的紋型。指紋的紋型總共分為八大類：帳形紋、弧形紋、正箕形紋、反箕形紋、斗形紋、囊形紋、雙箕形紋及雜形紋。利用比對已知的和未知的指紋，可以進行初步的排除動作，減少大量的比對時間。

表1-1　指紋型態的分類

有數部		斗形紋是由多條環形線或橢圓形線或螺旋形線組織，或旋轉成其它變形之圓形紋路，其左右各有一個三角突出。
		囊形紋是由多數箕形紋線或錘形紋線組織而成。中心出現至少一個以上的環形、圓形、螺旋形或其他迴旋之紋線有一個三角或亦有左右各有一個三角。
		雙箕形紋由一個順立的箕形紋和一個倒立的箕形相交或並立平行組成，左右各有一個三角。
	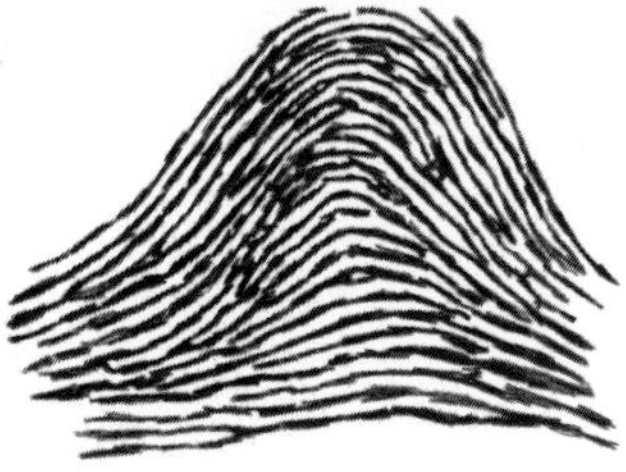	弧形紋是由多數弧形線或弓形線組織而成，其紋線由左而右或由右而左橫貫。

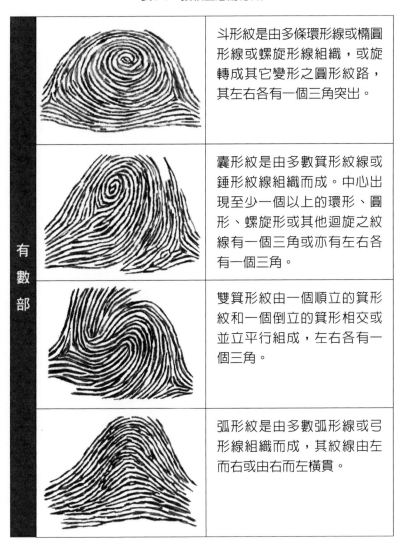

<table>
<tr><td rowspan="4">無數部</td><td>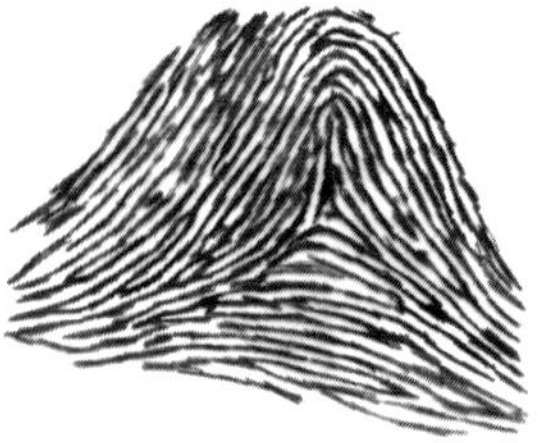</td><td>帳形紋其形狀和弧形指紋相類似，亦由多數紋線橫貫指面重疊而成，唯中心隆起高聳，中心有一條或一條以上之棒形線支撐。</td></tr>
<tr><td>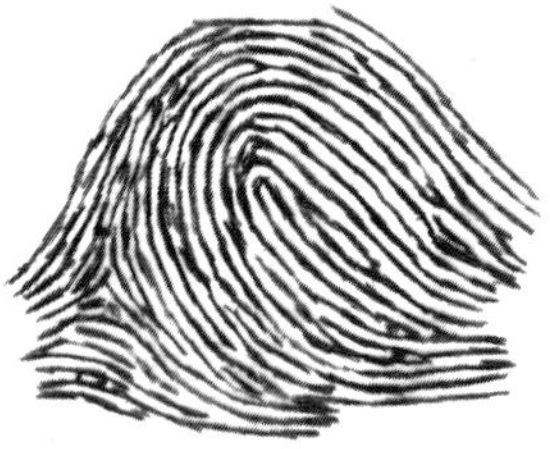</td><td>反箕形紋其箕口朝拇指「左手向右，右手向左」，中心有一條以上的箕形線所組成，起點和終點的方向必須相同，而且有一個三角為其外端。</td></tr>
<tr><td></td><td>正箕形紋和反箕形紋構成要件完全一樣，其箕口朝小指，「左手向左，右手向右」。</td></tr>
<tr><td></td><td>雜形紋由兩個不同的紋路合併而成，凡不屬其它七種既定類形的指紋都歸為為雜形。</td></tr>
</table>

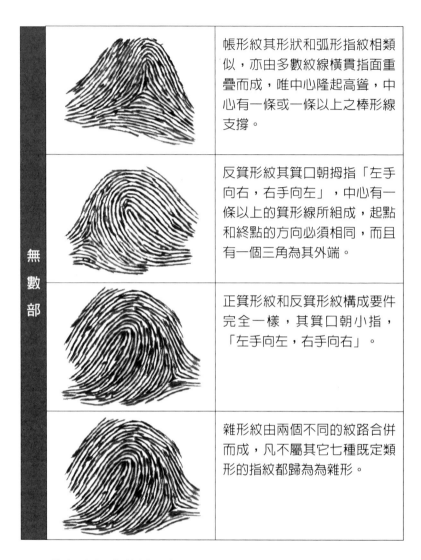

進行完初步的紋形類別比對排除後，就要針對未知的指紋和已知的數個指紋進行細節的比對。細部的指紋特徵點約有以下十餘種。

表1-2　指紋細部特徵種類

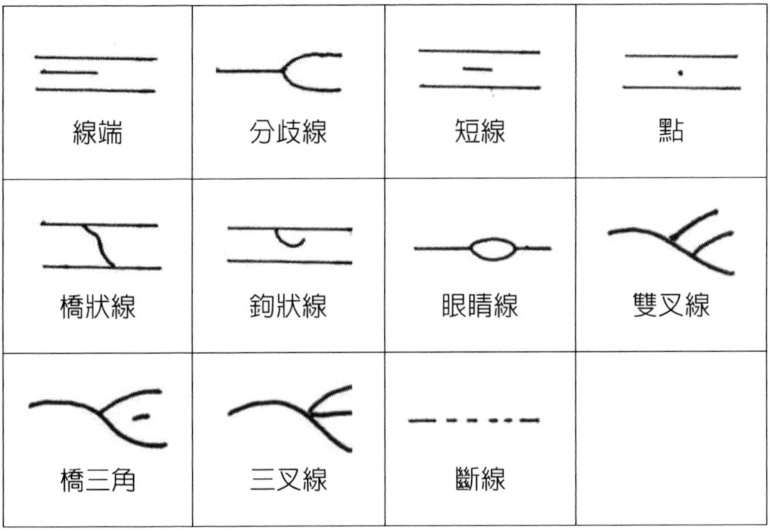

以往的指紋識別主要靠的是人力，自從一九七零年代起美國研發出指紋自動比對系統，利用電腦進行比對輔助，便大大的節省許多人力時間。那電腦是如何比對指紋的呢？首先將指紋掃瞄輸入後，電腦會對其指紋特徵、紋形和隆脊線圖象進行數位化。之後識別軟體便將這些圖形進行坐標定位，進而從坐標位置上標示出數據點。比對軟體後再比對已知的和未知的指紋數據點即可。由於電腦每秒可以進行上萬個指紋的比對，用電腦來比對效率極高。此外，電腦還能將未知與已知指紋之相似高低程度排列出來，再交給指紋比對專家進行雙重確認，除了速度，還兼顧到準確度！

參考資料

1.「指紋特徵」，

http://tds.ic.polyu.edu.hk/mtu/hict/bio/t2/p1.htm。

2.駱宜安等合著《刑事鑑識概論》之〈第十四章指紋鑑識（林茂雄）〉，中央警察大學，民國九十六年七月。

3.程曉桂《指紋採證與實務》，書祐文化事業有限公司，民國九十九年九月。

4.「指紋科學小百科」，

http://www.cib.gov.tw/science/science0305.aspx。

2 餘音繞量
——來自兇手的問候

拉斯維加斯第六季第一集

影集劇情提要

一名女子向鑑識人員指稱一個月前發生在酒吧的槍擊命案，犯罪集團的成員之一可能是自己的哥哥。女子跟鑑識人員約好在某棟大樓見面，現場突然槍聲連連，女子倒地。鑑識人員到大樓警衛輪值櫃檯查看監視錄影帶，發現保全失蹤，影片裡也錄到保全和開槍嫌犯扭打的過程。

失蹤的保全屍體在大樓後方的防火巷被找到，嫌犯在與保全扭打過程中身受重傷，撕了保全的衣服袖子包紮傷口。鑑識人員在嫌犯逃離現場所搭乘的電梯裡採集到指紋，找出了可能的兇手，沒想到他已被同伙拋棄，傷重死在醫院。由於兇嫌之一可以自由進出大樓，鑑識人員想到他可能是該棟大樓的員工，於是將所有在那棟大樓上班的雇員語音問候語，拿來比對嫌犯妹妹遭槍擊時警方所接獲的報案電話聲紋，得到本案唯一女嫌的個人資料，於是前去其住處，成功逮捕正要將另一名同伙滅口的女嫌。

破案關鍵

就像與生俱來獨特的指紋一樣，每個人的聲音也都有獨特的「聲紋」。本案當中的偵查人員透過儀器，將看不見的聲紋轉變為看得見的「聲譜」，再將所有可能嫌犯的聲譜與報案電話中的語音聲譜進行比對，辨識出女嫌的身分，案情因此有了破案的轉機，果然最後順利緝補女嫌到案。

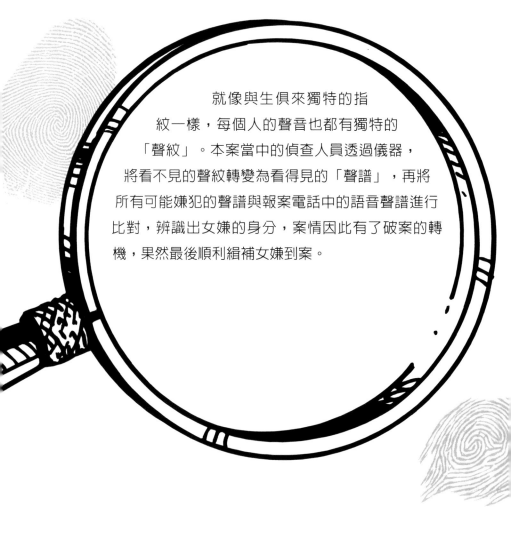

韻味獨俱：聲紋的獨特性

人的說話本身是一件複雜的事情。它包含了口腔、喉嚨和聲帶等部位的協調運動。而語音主要來自聲帶的振動，這些振動引起介質（比如空氣）的疏密變化，因而產生聲波。當呼氣經過咽腔、口腔、鼻腔，由口鼻發出聲波時，唇、齒、舌等位置的變化改變口腔及鼻腔內部空間的大小及形狀以及氣體呼出體外的速度等模式，這影響到氣柱的共鳴，便能發出不同的聲音。製造語音的這共鳴的器官統稱為「聲腔」。

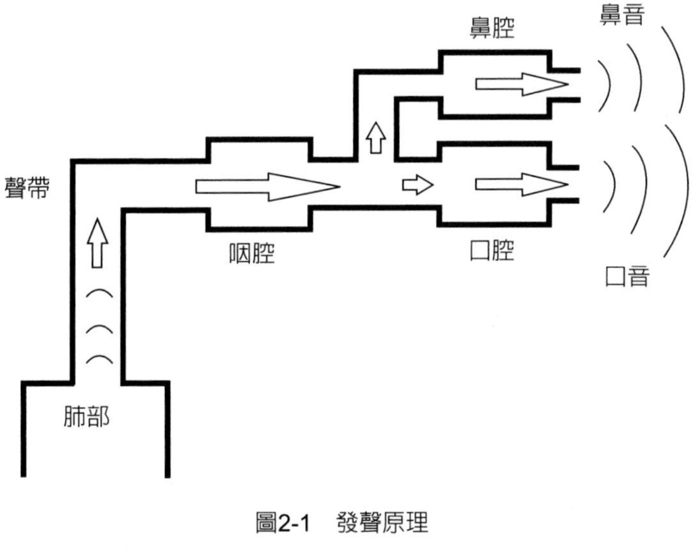

圖2-1　發聲原理

當人類耳朵聽到聲音時，我們會感受到聲音裡的音量、音調、及音色。音量就是聲音的強弱，也就是聲波振幅的大小程度；音調和聲帶振動的快慢有關，而聲帶的振動快慢又與其長短厚薄及緊張程度有關；音色則是一個人發音時因聲腔共鳴的差異同時發出的某些泛音，其振動的頻率是基頻（每秒聲帶振動的次數）的倍數，所包含泛音的多少因人而異，所以音色也因人而異。

視覺化的語音：聲譜圖

一九四一年，貝爾實驗室工程師克斯特（Kersta）發明了聲譜儀，得以讓聲音變成可見的視覺描繪儀器。克斯特的聲譜儀包含四個部分：錄音帶紀錄器、頻率分析掃描儀、訊號過濾器及描繪針筆。錄音帶紀錄聲音並播放出來，接著掃描儀分析錄音帶裡的電子語音，並將結果用訊息過濾器過濾，最後描繪針筆將結果記錄在感應電訊紙上。

聲譜儀輸出的紀錄稱為「聲譜圖」，其縱軸代表聲音的頻率，橫軸代表時間，而音量的高低則由聲譜圖上線的深淺（顏色的深淺）表示。聲譜圖反映了一個現象：人在同一時間所發出的聲音都是由幾種聲音組成，最重要的主音稱為基音，其他音調高於基音的稱為泛音，聲譜圖能將基音和泛音的頻率都表示出來。

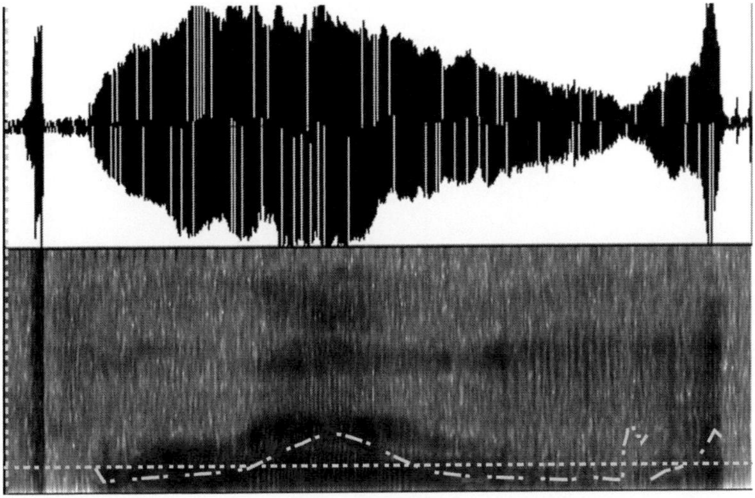

圖2-2　聲譜圖

上圖為聲音強度——時間圖；下圖為頻率——時間圖

聲譜圖中通常會有幾處聲音較強的頻率區域，我們稱為「共振峰」。共振峰的形狀變化和語音特色有關。同一語音所呈現的聲譜圖會出現形狀類似的共振峰，意即共振峰的差異程度也能作為發音者身分辨識的依據之一。

眼耳並用：聲紋比對

個人的語音特色包括音色、基頻的高低、音量的大小、語音的清晰程度、說話的快慢、節拍、腔調及詞彙的應用等，這些都是人體複雜的發音器官交互作用所產生的結果。

現代語音比對人員會用眼耳協調——聲音聆聽及聲譜比對的方式來判斷兩個語音樣本是否相同。藉由不斷重複地耳朵聆聽，並用肉眼比對未知與已知聲音樣本的聲譜圖軌跡，試著找出基音和泛音的頻率及音量大小的異同處，最後審慎的做出判斷。

聲音比對完成後，分析結果有七種可能：確定相同、應該相同、可能相同、無法確定、可能排除、應該排除、確定排除。聲音比對人員至少須找出二十個相同點，且沒有不能解釋的相異點，才可做出「確定相同」的結論，反之則「確定排除」。目前先進的聲譜儀同時結合電腦使用，不但能提高錄音的品質，更能加快聲音比對的速度和準確度。

聲紋在鑑識上的應用

聲紋研究人員同意聲譜圖的準確性不在於機器本身或錄音上，而是在於分析人員對儀器使用與判定上。聲紋分析就像測謊器測謊一樣，還有許多值得商榷的地方。目前鑑識科學界還未具有運用聲紋辨識的成熟條件。然而，聲紋分析仍是很有參考價值的重要鑑識科學工具。

參考資料

1. 駱宜安等合著《刑事鑑識概論》之〈第十六章　文書鑑定與語音比對　（林茂雄、徐建民）〉，中央警察大學，民國九十六年七月。
2. Lisa Yount《Forensic Science: From Fiber to Fingerprint》2006。

3 血淋淋的教訓
——床單上的血印

拉斯維加斯第三季第二集

影集劇情提要

電影明星和兩名妓女發生性關係後下樓到賭場賭博，回來後發現一妓女被割斷喉嚨死在床上，另一名妓女則失蹤。但鑑識人員檢查後認為死者早在和電影明星發生性關係時已經死亡。鑑識人員也在浴室排水孔找到血跡，同時電影明星的手上也被檢驗出有死者血液的殘留。

調閱賭場的監視器得知電影明星在案發後於賭桌上玩過擲骰子。於是鑑識人員檢驗骰子，發現其上沾有死者的血液和電影明星的唾液，確認了電影明星是在妓女被斷喉失血之後才下樓賭博的。同時在監視器影錄帶中也發現，明星助理曾用高爾夫球袋拖走一具疑似屍體的物品。另一妓女屍體巧合地在高爾夫球場沙地裡被找到；驗屍後驚覺她是變性人。不過電影明星從頭到尾堅決否認犯案，並請來鑑識專家為之辯護，這使得案情變得更為棘手。

在案件陷入膠著之際，鑑識人員發現床單上的異常血痕竟和明星日前拍片受傷的膝蓋傷痕完全符合，這是斷喉妓女死亡時電影明星人在現場的鐵證。原來電影明星在召妓的過程中發現妓女之一是變性人，惱羞成怒下失手殺了二名妓女，再叫來助理協助拋棄變性女屍，以便將所有罪行推到遭到棄屍的變性死者身上。

破案關鍵

血型指紅血球細胞表面存有不同的特異性結構的同種異抗原，是一種類別特徵。不同人的血跡也能驗出不同的DNA。藉由血型和DNA型態的不同，可以分辨出血跡的主人，從而辨識出被害人或加害人的身分。從本案我們也發現，遺留在犯罪現場的血跡型態也能用來判斷血跡究竟是從何種特殊接觸物的表面所遺留。本案現場床單上發現的異常的血跡型態與電影明星膝蓋上的傷痕相符，加上電影明星丟擲過的骰子上也發現了死者的血液，從而確認該電影明星與妓女的死亡有著密切的關係！電影明星百口莫辯，只好認罪。

紅頭蓋的背後：人的血液裡頭有什麼？

人的血液主要由血球細胞和液態的血漿所組成。血球包括用來輸送氧氣的紅血球、幫助身體抵抗傳染病以及外來侵入物的白血球，以及可把纖維蛋白原轉變成纖維蛋白，用來塞住血管破洞、阻止更多血液流失的血小板。

另外我們常常聽到「血漿」、「血清」這二個和血液有關的專有名詞。如果我們使用離心機使新鮮血液裡的血細胞沉降，在血細胞上層的淡黃色清液就是血漿。血漿有百分之九十是水，其中的物質主要是血漿蛋白，血漿的主要功能是運載血細胞，它同時也是運輸代謝廢物的主要媒介。而血清是指血小板破裂時，血漿中原本溶於水的血纖維蛋白和血球等凝固成為血餅後，剩餘不含纖維蛋白原等凝血因子的透明液體。

人體的紅衛兵：血液的功能

血液可分為血球及血漿兩個部分。血球的種類包括紅血球、白血球以及血小板；其中血小板並不是完全的血球，而是細胞的碎片。紅血球沒有細胞核，是不完整的細胞，佔血球的百分之九十九以上，具有攜氧的能力。白血球可以抵抗外來的感染以及癌細胞。血小板可以使血液凝固。在心臟血管系統，血液不斷流動的結果，可以使血球平均分散在血漿內。

人體內的湯瑪仕小火車：血液的運輸功能

血液在人體循環時，運送的物質除水分外，主要有養分、無機鹽類、氧、二氧化碳及代謝廢物，血液將這些物質運送至人體各部分組織，或從各部分組織運到特定器官或組織排出體外。養分是來自食物消化後所產生的胺基酸、葡萄糖和脂肪酸等。無機鹽類有鈣、鎂、鉀、鈉和磷等元素組成的鹽類。代謝廢物是代謝作用後所產生的物質。人體的主要代謝廢物是尿素，必須運送至排泄器官排出體外。

人體內的垃圾車：血液維持恆定性的功能

血液運輸人體所必需的物質至各細胞，並運走細胞所生產的廢物。血液在人體內循環不息，可使人體各部分細胞之環境處於恆定狀態、可使細胞的機能維持正常。例如血液能保持體溫（如果體溫降到攝氏三十一度以下或飆高到四十三度以上就會使人體細胞受損）。

人體內的裝甲戰車：血液的保護功能

血液中的白血球能藉吞噬作用，將侵入人體的細菌包圍並分泌酵素將之分解。人體感染疾病時，其體內之白血球數量可增高至每立方公釐二萬個，這是由於細菌引起的發炎部位產生一種物質，由血液流至骨髓，刺激白血球的產生。又如人體受傷時，血液常在傷口凝固成血餅以阻塞血管，防止血液流失。

死亡的紅花：血跡噴濺痕

在犯罪現場中，因為犯案的手段、工具、時間、力度等不同原因，現場血跡型態因而有不同的分佈。血跡的分佈大致可分為滴落式血跡、噴濺式血跡與特殊血跡三大型態。由於血跡噴濺的形式可以推測出犯罪者部分犯罪行為進行過程，所以鑑識人員一到犯罪現場，便得四處搜尋受害者留在現場的血跡噴濺。

滴落式血跡型態

血滴的表面張力使得血滴呈現球形。血液的黏稠性為水的四倍，在一般情形下，一滴血的平均體積約為零點零五毫升，自由滴落的血滴，其終端速度範圍約為每秒六至七公尺，血滴滴到物體表面時有許多因素會影響血跡形成的大小與形狀。

首先，通常自由滴落的血滴撞擊到物體表面時，除形成圓形痕跡外，血滴距離愈高所形成的圓形痕跡直徑愈大，直到血滴達到終端速度為止，在終端速度以上滴落的血滴圓形直徑均相同；第二，血滴接觸的表面也會影響血跡型態的大小與形狀，表面堅硬光滑的表面所產生的圓形血跡型態邊緣較平滑，柔軟粗糙的表面所產生的血滴跡會有不平整的邊緣；另外，血跡的形狀隨著撞擊角度的不同而異，撞擊的角度愈小，血跡的形狀愈長，橢圓形愈扁，而血跡的拖尾方向通常指向血滴行進的方向。

噴濺式血跡型態

加在血滴上的力量會使得血跡分裂成小顆粒的噴濺血跡，這種力量通常有兩個來源：內部與外部，內部力量來自身體內的血液循環系統。血液在動脈、靜脈與微血管中都有一定的流速，因此噴出體外所產生的血跡型態也各不相同；外部力量導致流血或作用在血液上的力量，由噴濺的血跡可以研判出撞擊力量的位置或血液的來源。確定撞擊點或流血點就能重建使用暴力的性質、事件的順序、人員的位置或撞擊點附近的物體等。

特殊血跡型態

特殊血跡型態多半為接觸轉移的型態。血跡在靜態的轉移時會出現物體的形狀，如沾血刀子放在桌巾上會產生刀子形狀的特殊痕跡型態、沾血膝蓋壓在床單上會產生膝蓋形狀的特殊痕跡形態等。

接觸轉移的型態也可以表現出不連續或中斷的型態，這種中斷的型態通常是因重複動作或被血噴濺的物體表面受到折疊而造成，分析這類血跡形態可以研判造成流血的動作順序與方向。

由動態行為接觸轉移所產生的型態常與血液的塗抹有關，譬如歹徒為掩飾血跡，以乾淨的物體在沾血的物面上移動，就能造成動態的接觸轉移血跡。這種塗抹的痕跡型態可以表現出塗抹物體的方向。沾血的物體接觸到乾淨的表面也會產生刷掃痕跡，這也可以研判出形成這些痕跡的動作與方向。

依據噴濺的痕跡的速度，還可將血跡歸類為慢速、中速和高速三種噴濺痕跡。慢速血跡噴濺即是血滴自由噴濺造成之噴濺痕；高速血跡噴濺，通常是以槍為兇器所產生之噴霧狀血跡。介於高速血跡噴濺和慢速血跡噴濺之間的稱為中速血跡噴濺，大都是以菜刀、球棒等刀械類凶器，兇手利用手腕、手臂之力量攻擊被害人所產生的噴濺。

由於歹徒犯案所造成的血跡噴濺不是自然形成，所以鑑識人員可以藉由血液噴出的角度來計算受害者（或加害者）遭受攻擊的方向，還原犯罪行為的一部分。譬如血跡直徑愈大，表示血跡滴落高度較高。一般而言，從超過二十四公分以上的高度垂直滴落，其血跡周圍會成如下的鋸齒狀：

圖3-1　垂直滴落血液示意圖

但如果不是垂直滴落，就會呈現橢圓形或拖曳狀。

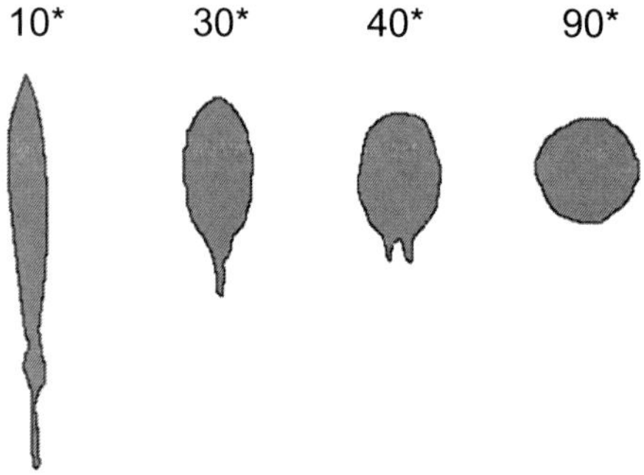

圖3-2　血液滴落角度差異圖

此時鑑識人員就能利用三角函數公式（Sin θ ＝ d/D）來計算血跡噴濺的撞擊點。θ 是撞擊角度，d表示血跡之寬，D為血跡之長。舉例來說，譬如犯罪現場有一拖曳血跡，長三公分，寬一點五公分，其Sin θ ＝0.5，由其反三角函數Sin^{-1}可知其撞擊角度 θ 為三十度。

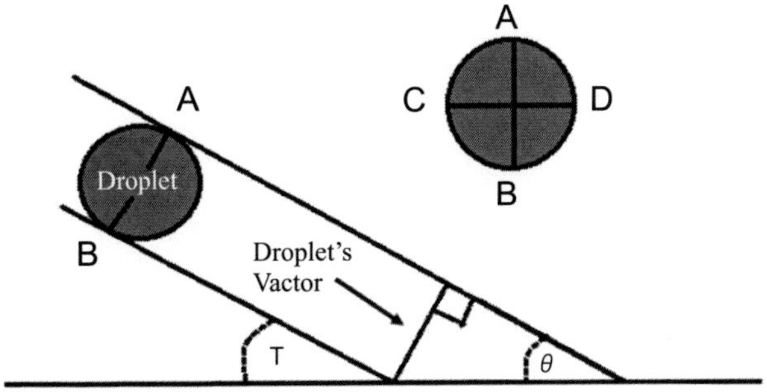

圖3-3　血液噴濺角度計算

不能看到黑影就開槍：紅的不一定是血跡，也未必都能分析DNA

要快速的尋找到犯罪現場的血跡，鑑識人員多半會使用目視及可見光光源——譬如手電筒或探照燈來照射現場。但若是遇到深色背景或其它不容易察覺到痕跡的物品表面時，則需使用非可見光源來進行現場檢測。常用的非可見光源主要有紅外線和紫外線二種。使用紅外線進行照射之所以可以找出血跡，其原理在於血跡與現場衣物地毯等背景對於紅外線吸收及反射程度不同，所以各會呈現出不同顏色。而紫外線利用多波域光源尋找血斑，是利用它在415 nm的藍光有最大吸收度（absorption），可與背景產生反差，而觀察出血斑，這也會和犯罪現場其他不會反射螢光的衣物、家具等雜物具有色差。以特殊光源來檢視現場，可以讓我們更清楚瞭解現場的血跡相關位置以及其噴濺的情形。

血跡噴濺情形的分析，主要在還原犯罪現場的一部分原貌。不過不是犯罪現場所看到的任何紅血液體就都是血跡。如果沒有經過任何檢驗和確認，就直接對所有紅色液體進行採樣比對，那有可能會鬧出拿牛血比對人血或是拿蕃茄醬比對嫌犯血液檢體的大笑話！因此在現場鑑識時，首先要確定這些紅色痕跡是否為血跡，再進一步分析是不是人的血跡和是何人的血跡。

如何判斷紅色痕跡是否來自於人類？常用的方法有篩檢性的顏色試驗及確認性結晶試驗。顏色試驗其主要分析原理為藉由血跡中的血紅素（heme）作為氧化還原反應之催化劑，將反應試劑作為指示劑，而再加入適當的氧化劑使得反應試劑產生氧化還原作用而產生特殊顏色。結晶試驗是以檢測是否含有血紅素衍生物（hemoglobin derivatives）來判斷是否為血跡，如果是血跡，我們將看到樹葉狀或是短柱狀的結晶。

在確定犯罪現場的不明紅色液體為血跡之後，就能接著進行血液所屬主人（所有者）的種屬檢驗。這種試驗是以血液抗原抗體會互相結合產生沉澱的原理為基礎：當我們以A動物的血液注入B動物時，會造成B動物體內免疫系統產生抗體來與A動物血液中的抗原結合，（不同種）其成形成的複合物會產生凝集現象。藉由偵測這些沉澱物是否存在，可以得知這未知的血跡到底是人血或動物血。完成這些分析之後，下一步、更細緻的分析工作就交給DNA定序分析儀和生物鑑識學家了。

參考資料

1.「King Net國家網路醫院」，
http://hospital.kingnet.com.tw/activity/blood/html/c.html。

2.郭家惠《赴美國研習刑事鑑識及現場堪察等技術報告書》，臺北市政府警察局。

3.駱宜安等合著《刑事鑑識概論》之〈第十二章　刑事血清學（白崇彥）〉，中央警察大學，民國九十六年七月。

4 一髮千鈞
——小孩與狗

拉斯維加斯第三季第十六集

影集劇情題要

著名籃球明星的兒子在遊樂場遊玩時被綁架，劫匪寄來勒索贖金的信件，鑑識小組分析後，發現信紙上有女性慣抽的薄荷煙氣味殘留。籃球明星依約準備好贖金，趕赴交付贖金的地點，但是劫匪卻沒有現身取走贖金。同一時間男孩的屍體已被發現。賭場員工聲稱當晚看見一名女子和籃球明星起衝突。經詢問男孩父親，原來她是男孩父親的前女朋友，因為深愛男孩父親，兩人交往時就已未婚產子。

籃球明星的前女友經濟十分困難，當晚巧遇到前男友的她希望籃球明星能帶著自己的小孩一起進到遊樂場遊玩。沒想到籃球明星堅決反對，並譏諷她的小孩並非自己的骨肉，二人因此發生衝突。

鑑識人員在男孩屍體周圍發現狗毛，屍體身上有繩索纖維殘留，胃部也有動物鎮定劑殘留。根據狗毛跡證，鑑識人員在棄屍現場不遠處找到一座養狗場。一進到養狗場立即發現了死者的鞋子、捆綁用繩索和動物鎮定劑，因而確認了這裡就是第一現場。不過養狗場值班人員已經被人用鐵鍬打死。

後鑑識人員在附近找到玩具填充物，證實屬於籃球明星的前女友所有，證明她曾出現在現場。原來籃球明星前女友為了報復前男友的無情，綁架了籃球明星的兒子，但是幫籃球明星前女友綁架小孩的養狗場值班人員不慎餵食過量的鎮定劑而誤殺男孩，她一氣之下便用鐵鍬擊殺了這名共犯。

破案關鍵

男孩屍體身上的毛髮經鑑識人員進行「種屬分析」——進行長度、形狀、粗細、色澤、表皮鱗片形狀、DNA分析等鑑定，從而發現該毛髮為狗毛。而在棄屍現場附近正好有一座養狗場，查證後確認養狗場是撕票案的案發地點。警方除了在養狗場發現案件的共犯屍體外，也找到了主嫌遺留下來的玩具填充物，有了狗毛→養狗場→共犯屍體及主嫌遺留物這些線索，警方順利的逮補到與受害者父親有感情糾紛的主嫌。

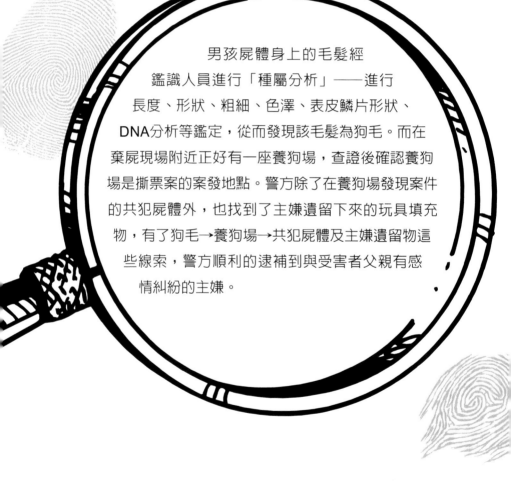

三千煩惱絲：毛髮的組織

毛髮的組織可分為三層，其橫切面由外至內為表皮層（cuticle）、皮質層（cortex）與髓質層（medulla）。

表皮層是毛髮的最外層，其厚度大約零點零零五毫米，它是由角質化及扁平化的細胞向髮尖如同魚鱗狀相互重疊而成。主要功能是保護毛髮內部，對抗外來刺激。

皮質層是毛髮的第二層。乃毛髮最重要的部分，主要成分是角質蛋白。角質蛋白與毛髮彈性、張力、捲曲等物理化學性質有密切關係。角質蛋白的鏈鍵組織數量若較多則形成粗髮，較少的量則形成細髮，所以毛髮的粗硬、細軟決定於皮質層。皮質層並含有黑色素。毛髮的顏色由黑色素（melanin）之顆粒顏色、濃度及分佈情形所決定。

髓質層則是毛髮的核心，它由互相分離透明的多角形細胞所構成。一般初生的毛、胎毛、細毛或軟毛並無髓質。經測量，髓質直徑和毛髮直徑的比值，稱為髓質係數（medullary index）。人類毛髮的髓質係數大約少於三分之一，而動物大約大於二分之一。髓質係數可以用來判斷毛髮是人類或動物所有。

三千煩惱絲：頭髮的生長週期

頭髮的生長是與毛囊是分不開的，毛囊的存在是保證頭髮生長更換的前提。在生長期時，毛囊功能活躍，毛球底部的細胞分裂旺盛，分生出的細胞持續不斷地向上移位，當髮囊中的軟囊角質變化為硬蛋白質，頭髮就被推出皮膚外，成為肉眼可見的頭髮。

當頭髮生長接近生長期尾聲時，毛球的細胞停止增生，毛囊開始皺縮，頭髮停止生長，這就是退化期。在休止期，頭髮各部分衰老、退化、皺縮，頭髮行將脫落。與此同時，在已經衰老的毛囊附近，會形成一個生長期的毛囊，一根新髮又從這裡誕生了。

人類毛髮的生長和替換呈現週期性的變化。毛髮的生長循環可分成三個階段，即生長期、退化期和休止期。各毛囊獨立進行週期性變化，鄰近的毛囊彼此間並不處於同一生長週期而呈現異步性（mosaic）。

◆生長期（Anagen）

又稱活動期，為期二至六年，這是每根頭髮的正常壽命。這階段的毛囊長而深，長出濃密且具色澤光感的頭髮。

一般來說，在任何時間裡，約八十五至九十%的頭髮處於生長期。生長期初期，毛孔上的毛髮以圓柱狀成長。毛囊的母細胞分化出細小的毛幹往上生長，而真皮乳突附近之母細胞進行有絲分裂向外生長，使得毛幹變粗。【如下圖左】這個過程一直到髓質活動以及色素成長停止時，就進入退化期。

◆退化期（Catagen）

退化期又稱萎縮期，它介於生長期與休止期之間。約有百分之一的頭髮處於退化期。在生長期階段過後，頭髮便進入二至四個星期的退化期。毛囊在型態上有所變化，同時也減緩分裂活動至完全停止。【如下圖中】

◆休止期（Telogen）

又稱靜止期或休息期。約有百分之九至十四的頭髮處於休止期。這時候毛囊的基部會皺縮起來，並在為時二至四個月內進一步萎縮。毛根和母細胞脫落，乃至於毛髮脫落都在這個時期發生。每次梳頭後，留在梳子上或掉下來的頭髮均屬於休止期的頭髮。此時毛囊的上皮細胞將再行分裂，毛囊母細胞在準備進入下一個週期，隨後一根新的、健康的毛髮會在該位置重新開始生長。【如下圖右】

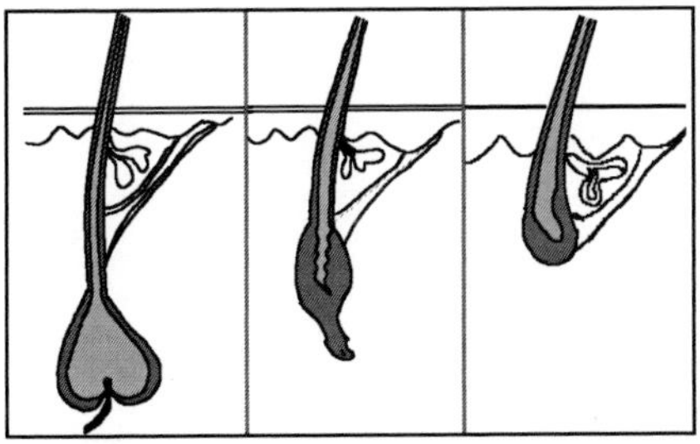

圖4-1　頭髮生長週期示意圖

根據測定，頭髮生長速度是每天零點二七至零點四公釐（註：一公分cm＝十公釐mm）。按此計算，頭髮一個月大約長一到一點五公分，一年大約是十至二十公分。但是如果按照這樣的速度生長，嬰兒從出生到十歲時，頭髮就長到至少有一公尺長；到二十歲時，將長到二公尺。

不過事實並非如此，因為頭髮並不是一個勁兒的努力長長，而是有一定的生長規律，時間到了便會脫落。處於休止期的頭髮在洗頭、梳頭或搔頭皮時，將隨之脫落。正常人平均每天約脫落二十至一百根頭髮，因此人們不必擔心頭髮會長過自己的身體。

不過也有極少數人的頭髮長得很長，甚至超過自己的身體。這是由於他（她）的頭髮生長週期達到十五至二十年，遠超過一般人頭髮生長週期的三至四倍所造成的。

整個「毛」起來：影響毛髮生長的因素

毛髮的密度隨性別、年齡、個體和部位而異。成人男子估計有五百萬個毛囊，其中一百萬個在頭部，約有十萬個在頭皮部。前額和頰部毛囊的密度為軀幹和四肢的四至六倍。一般認為，毛囊的密度是先天生成，到成人期就不可能再增添新的毛囊數。

毛髮的生長速度與部位有關，頭髮生長得最快，每日生長零點二七至零點四公釐，其它部位約每天生長零點二公釐。

男性毛髮生長速度一般較女性快；人的一生當中，十五至三十歲期間毛髮生長得最快。夏季也較其他季節生長速度快。

毛髮的生長受到內在及外在因素的影響，內在因素如體質、內分泌、性別和年齡等。外在因素如營養或化學物等。雖然營養因素對毛髮生長及維持具有重要的影響，但想要藉由飲食、維生素及礦物質的增加攝取來刺激毛髮的生長，是有其限制的，因為毛髮的生長不可能超越個人的基因影響。

化學物方面，由於重金屬會和毛髮中的角質層結合，如微量的砷及硒可以促進毛髮纖維的品質。但超量的重金屬卻會引起毛囊過度角質化、造成毛囊阻塞及脫毛等現象，如毛囊的角質層對鉈相當敏感，鉈中毒會造成毛囊的退行性變化、毛囊阻塞及脫毛；水銀中毒會造成剝落性皮膚及不正常的皮膚角質化，也會導致禿毛。

天生的皮草：毛髮的作用

毛髮是皮膚的附屬物，是哺乳動物的特徵之一，哺乳動物的毛皮主要用來維持身體熱量，它可隨氣候和季節變化脫落或再生。哺乳動物的毛髮是最小的器官。它們具有調節體溫、觸覺、保護、社交及吸引配偶等功能。

一千萬年前的類人猿原本全身都是毛，但之後的人類原始祖先，他們的居住地從森林轉移至平原之後，飲食習慣開始改成熟食，有了火和熱呼呼的食物幫忙保持體溫，再加上利用獸皮等其他東西保護身體，皮膚上的毛髮開始退化，變得稀少而短。不過人類的毛髮並沒有完全退化，身體不同部位還保留各種不同毛髮，如頭髮、眉毛、睫毛、陰毛，腋毛和汗毛等；男人還保留鬚毛。

毛髮本身並非活的器官——不含有神經、血管或細胞。雖說如此，毛髮還是具有許多功能，像是眉毛可使淌下汗水的不會直接流入眼睛；鼻毛能阻止灰塵進入呼吸道；陰毛和腋毛能減少胯下和腋下的局部摩擦；頭髮可減少外在的碰、擦撞等損傷。此外，頭髮包覆於頭皮之外，可防止紫外線的過度照射，避免腦部的溫度過高；類似的溫度調節作用，全身的毛髮都有。由於毛髮還連結著皮膚，所以還可以通過毛囊及皮下組織的神經末梢傳遞對外界的接觸感應。

毛髮鑑識在犯罪偵查上的應用

就鑑識科學而言，透過對毛髮的鑑定，也能確定血型以及遺傳基因，或通過測定各種微量元素來判斷毛髮主人的用藥或疾病狀況。在犯罪現場中常常可以發現可能來自嫌犯或被害者的頭髮或體毛；而在非法捕獵保育類動物的嫌犯身上、住處以及其接觸過的物件上，也可能發現沾黏到掉落的動物毛髮，這些毛髮的鑑定有助於案情的分析和研判。

一般毛髮在顯微鏡下所呈現的形態特徵包括毛髮的形狀、長度、直徑大小、顏色、鱗片型態及髓質型態等。但有些保育類動物的加工製品，因其形態特徵大多已喪失，所以DNA特徵的分析就變得非常重要。

實驗室中的毛髮分析以顯微鏡為主。分析毛髮樣本時，首先判別樣本屬於人、動物或是植物（棕櫚或鬚狀纖維）。最顯而易見的是髓質部分，動物的髓質指數較大，人類的較小；人類髓質多屬片段型，而其他動物多屬持續及不持續型——常見的動物髓質型態如下：單排念珠形（環尾狐猴）、拉鍊形（白鼻心）、玉米形（兔子）、多排晶格形（藏羚羊）、連續環帶形（豬尾猴）、折疊彩帶形（雪貂）、連續線條形（花豹）、間斷條形（人）以及樹枝形（棕熊）等。

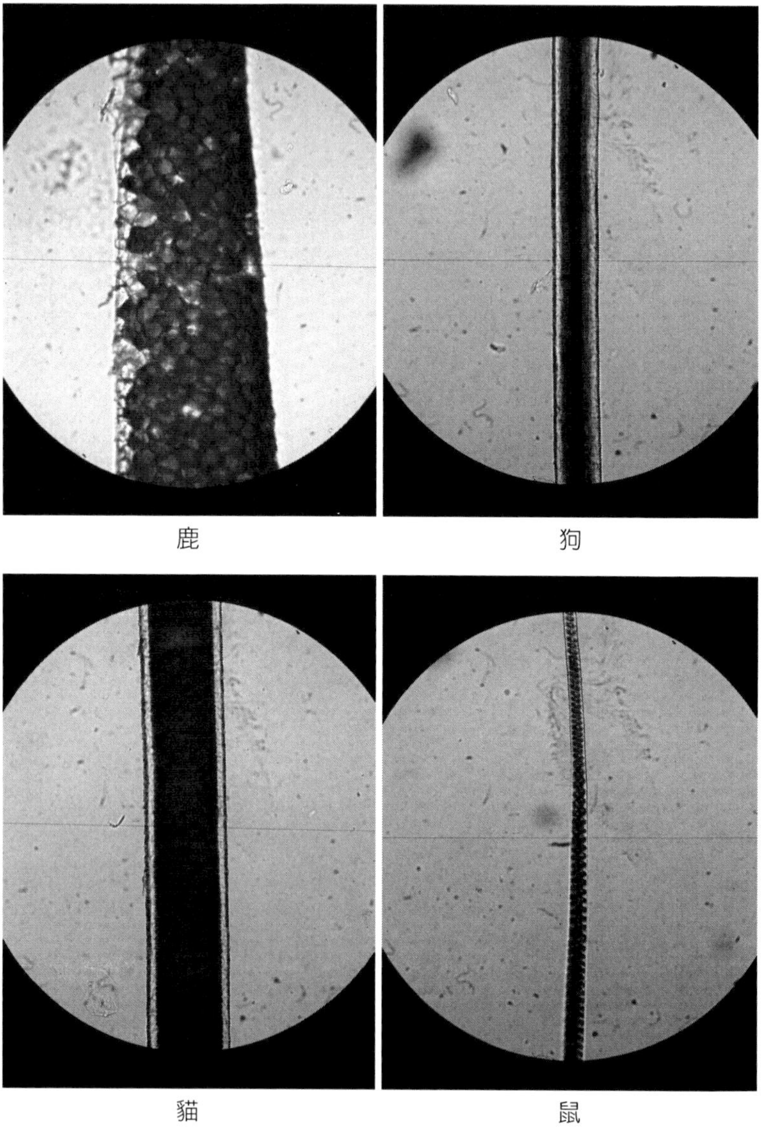

圖4-2　動物毛髮圖

由於同種的動物其髓質形態很穩定，因此可用來當作判斷未知動物毛髮種屬的重要依據。此外，動物種屬鑑定，也可以由其表面鱗片形態之不同加以區隔。一般將動物表面鱗片形態大分為皇冠形（臺灣彌猴）、花瓣形（水貂）、鑽石形（白鼻心）、波浪形（人）、單或雙鉤（兔子）及交錯條紋形（亞洲黑熊）等。

如果確定樣本並非來自動物而屬於人類，接著就要分析毛髮的型態特徵。毛髮分析時所注意到的重點有：毛髮長度、毛幹、顏色、毛根、毛尖、色素密度、髓質分佈型態、皮質梭（cortical fusi）、皮質結構、表皮以及鱗片等。要區分人種和性別時，必須依賴毛徑係數（毛髮截面積之短徑／毛髮截面積之長徑）×一百。蒙古人種的毛髮截面在顯微鏡下觀察呈圓形，其毛徑係數約為七十五至八十五，毛髮直徑最粗；高加索人種的毛髮截面呈橢圓形，其毛徑係數約為六十七至七十一，毛髮直徑次之；非洲人種（Negro）的毛髮截面呈扁平狀，其毛徑係數為五十至六十，毛髮直徑最短。而如果毛髮的主人是混血，則其毛徑係數會介於某兩人種之間。

毛髮主人之性別在毛髮自然脫落的情況下，可用溶劑將毛髮溶解進行顏色試驗。但如果是由外力使其脫落，就透過觀察，看到毛囊內細胞之性染色質。分析性染色質需先以金屬鹽類處理後，再加以螢光染色後用螢光顯微鏡分析。如果發現Y染色質存在就可知道其為男性毛髮。另外因為女性的毛髮中的鎂、銅及鎳等元素的平均含量明顯高於男性，因此也可對毛髮上微量金屬成分分析來進行性別檢驗。其中，因為不同人可能會擁有條件極相似的毛髮，一個人本身的毛髮形態也可能會有極大的差異，因而在不考量DNA分析結果的情形下，毛髮證物是屬於「不具決定性的間接證物」。

如果有足量的毛髮（約為兩毫克），就可以採用免疫學分析法，藉由加入有A與B抗體的血清，由其免疫學反應結果來判斷其血型。又因為DNA分析技術的進步，如果取得毛髮上帶有毛囊或是頭皮組織，甚至是頭皮屑，還可對其中細胞進行核DNA分析確認來源。如果沒有辦法進行核DNA分析，也可以對毛髮證物上進行粒線體DNA分析來確定來源。

毛髮證物不僅用來連結嫌疑犯與現場的關係，有濫用藥物習慣的人，藥物也會在代謝後進而儲存在毛髮上！鑑識人員可以針對長期使用藥物者進行毛髮證物分析，以判斷他是否再次違法用藥。二〇〇三年起，美國「國家防止恐怖活動紀念館」以為期兩年的時間，投入三十二萬美金的經費來支持一項毛髮元素分析的計劃。希望能藉由毛髮分析來分辨出毛髮主人是否曾接觸過炸藥，希望可以藉此遏止恐怖活動。所以，別小看毛髮證物！

參考資料

1.「神探再現，科學辦案特展」，
http://www3.nstm.gov.tw/review/sherlock/main_3.htm。

2.駱宜安等合著《刑事鑑識概論》之〈第八章　毛髮、纖維與油漆鑑識　（李俊億、謝幸媚、蔡麗琴）〉，中央警察大學，民國九十六年七月。

5 人體密碼
——吊繩上的線索

拉斯維加斯第三季第四集

35mm

影集劇情提要

在世界侏儒大會上，一名女會員發現一名侏儒被吊死在舞臺中央。經法醫驗屍後確認死者是窒息身亡，但死者在死亡前曾因頸椎被外力打擊而致全身癱瘓。鑑識人員分析採集到的證據後，發現繩索上有死者未婚妻的表皮細胞，而打結處也殘留有一根頭髮。鑑識人員原以為是死者未婚妻涉案，但分析繩結處的頭髮後，發現它屬於另一名侏儒所有。

鑑識人員勘驗現場，發現活動大廳裡有名侏儒所賣的尼龍繩，和死者脖子上的繩索完全一樣；而未婚妻的DNA和繩結處頭髮的DNA也具有血緣關係。經查，賣繩子的侏儒正是死者未婚妻的父親，因為繩子係在家中分裝，所以幫忙包裝的女兒自然在繩子上留下她的表皮細胞。

承辦員警弄清來龍出脈後發現，原來未婚妻的父親不想女兒和死者結婚後生下具遺傳殘缺的侏儒，於是利用合成照片在網路上和死者聊天，想以第三者的身分阻撓死者和女兒的婚事。之後他再利用網路約死者見面，以拍廣告為由騙他坐上具升降功能的輪椅，擊打死者頸部使他癱瘓後把繩索套住他脖子，再升起輪椅把繩子繫於舞臺橫樑，試圖將他殺的命案偽裝成一自殺的現場。

35mm

破案關鍵

可供分析DNA的生物性跡證的樣本包括體液、毛髮、表皮細胞等任何出自於人體的生理組織。在本案的案發現場，鑑識人員由繩索上的表皮細胞連結到死者的未婚妻，初判兇手便是該未婚妻。然而，繫於死者脖子上的尼龍繩，打結處所發現的毛髮經由DNA分析後卻發現並非屬未婚妻但卻為其血親所有。偵查人員又在大會會場看到在販賣尼龍繩的未婚妻父親。連結了諸多線索，發現到真正的兇手就是死者的準岳父！

生命的奧祕：DNA結構的發現

DNA是deoxyribonucleic acid（去氧核醣核酸）的縮寫，它由兩股螺旋長鏈構成。這長鏈上有四種鹼基：A（adenine，腺嘌呤）、T（thymine，胸腺嘧啶）、C（cytosine，胞嘧啶）和G（guanine，鳥糞嘌呤），兩股長鏈之間以A和T成對，G和C成對的方式牽住，就像樓梯的階梯，這就是鹼基對。也就是說，如果單股螺旋上的排列順序是ACGT，相對的另外一股的排列順序一定是TGCA。DNA就以這四個「密碼」的排列順序來傳遞遺傳的資訊。一般細菌的DNA分子大約有零點一公釐長，照理是可以看得見的，但它的寬度約只有長度的一百萬分之一，長而相當微細，因此無法用肉眼辨識，得使用電子顯微鏡才能看到。

一九五二年倫敦大學國王學院（King College）的X光晶體專家魏爾金斯（Marice Wilkins）和弗蘭克林（Rosalind Franklin），初步測量出DNA是一種聚合物，它含有許多重複的去氧核醣（deoxyribose）、磷酸、四個有機鹼基等。在一個偶然的機會，華生（James D. Watson）和克里克（Francis Crick）看到弗蘭克林實驗室做出的DNA X光底片，於是開始推敲DNA的結構，華生和克里克討論一些細節之後，就向世人提出他們的發現。

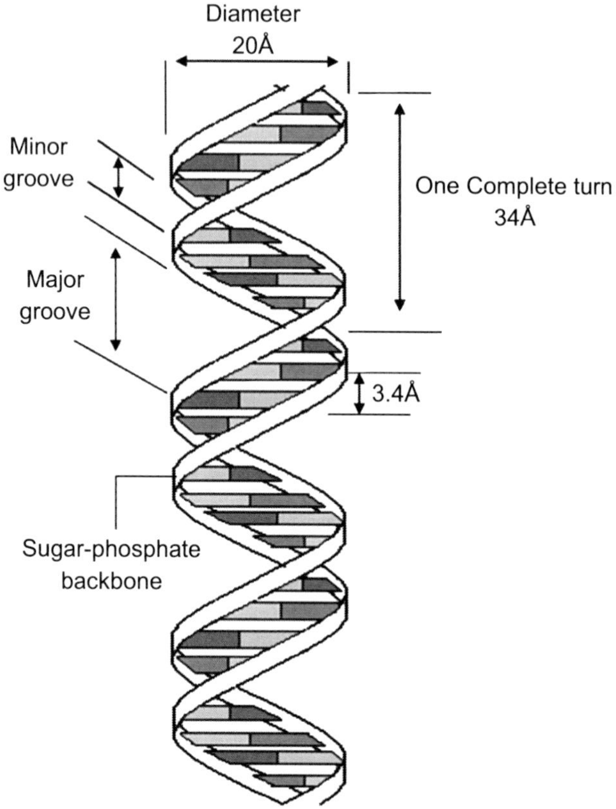

圖5-1　DNA雙股螺旋圖

Major groove：大凹槽，Minor groove：小凹槽。
一個完整的迴旋包含了一個主要凹槽及一個次要凹槽，長度為34Å。

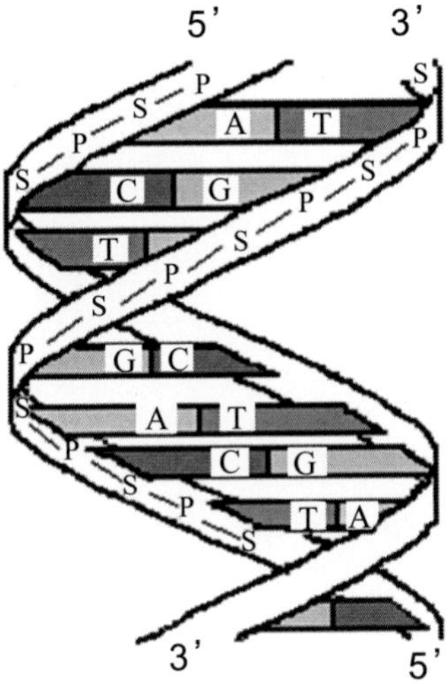

圖5-2

一個完整回旋：兩股DNA為3’及5’相對，鹼基A及T互相配對，C及G互相配對。

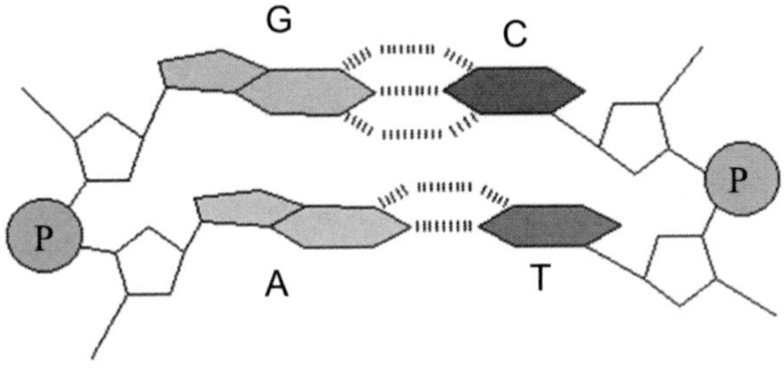

圖5-3

互相配對的鹼基對，中間虛線表示兩兩之間利用氫鍵相互結合，其中C-G中有三組氫鍵，A-T有兩組。

解開你的身體密碼：常用的DNA鑑定方法

由於每個人的DNA都與他人不同，所以在鑑識工作當中，DNA分析是用來判斷加害者、被害者等人的身分的重要利器。常用的DNA分析方法包括DNA電泳法（DNA electrophoresis）、限制片段長度多型法（Restriction fragment length polymorphisms，簡稱RFLP）、聚合酵素鏈鎖反應（Polymerase chain reaction，簡稱PCR）及DNA定序法（DNA sequencing）：

◆DNA電泳法

所謂DNA電泳即是將具有DNA分子之物質，置於具孔洞物質如洋菜膠（agarose gel）或聚丙烯醯胺膠（polyacrylamide gel）當中，並外加一電場，藉由DNA分子於中性pH值中帶負電荷，會往正極移動的特性，便可分離出DNA片段。

影響DNA移動的因素包括：DNA分子大小、DNA分子構形、膠濃度及電壓大小等。本方法分為平板膠電泳法（slab-gel electrophoresis）及毛細管電泳法（capillary electrophoresis）二種。

目前實務單位進行刑案檢體的DNA鑑定時，多採用毛細管電泳法，配合廠商發展之基因型分析儀（genetic analyzer）及分析軟體，即可達到自動化、速度快、檢體消耗量少及獲得定量訊息的優點，但其缺點為費用較高。

◆限制片段長度多型法（RFLP）

所謂限制片段長度多型法即以限制酶（restriction enzyme）切割DNA，然後進行電泳分離不同長度之DNA片段。

因DNA序列不同（由於鹼基變異或重複序列之重複次數不同所造成），切出的DNA片段長短不同，再以探針偵測就可顯出其多型性。此方法為早期刑事DNA鑑定所採用，但由於需要大量DNA，且費時較久，因此逐漸被淘汰。

◆聚合酵素鏈鎖反應（PCR）

所謂聚合酵素鏈鎖反應法即為將某特定DNA片段複製多套之技術。該技術是利用對熱穩定之聚合酶（如Taq DNA polymerase），經約三十個循環之DNA變性（denaturation）、黏合（annealing）及延伸（extension）等步驟後，複製出多套DNA。

DNA反應液之組成包括DNA模板（template）、引子對（primer pair）、聚合酶、緩衝液（buffer，含Mg^{2+}）及四種去氧核醣核苷三磷酸（dNTP）。

目前實務單位在進行DNA鑑定時，多利用標識有螢光染料之引子進行PCR複製，如此可使後續之PCR產物更容易被偵測到。PCR在刑事鑑識應用之優點在於若檢體十分微量，仍能加以分析。

◆DNA定序法

所謂DNA定序法即定出組合成DNA之鹼基種類及排序順序，較常用之定序方法稱為雙去氧鏈終止法（dideoxy chain termination method），其原理為當有正確互補鹼基的「ddNTP」用它的第五個碳上的磷酸和DNA 鏈骨架上前一個核糖上的第三個碳的「-OH」基進行酯化反應，接上DNA 鏈之後，這個雙去氧核糖的第三個碳沒有「-OH」基，無法和下一個有依序正確互補鹼基的「dNTP」上的磷酸發生「酯化反應」，無法產生延伸DNA鏈骨架所必須的「磷酸酯」鍵結，因而中斷而DNA鏈的延伸。

當一段DNA之鹼基順序為TC，相對應的順序必須為AG（dNTP），彼此互補結合才能進行下一個組合反應；當T碰到A，上下結合後才能進行配對反應。最後，一段完整的DNA會被分成許多片段，再根據這些小片段中前後對應的順序，就可以拼湊出完整的DNA序列。

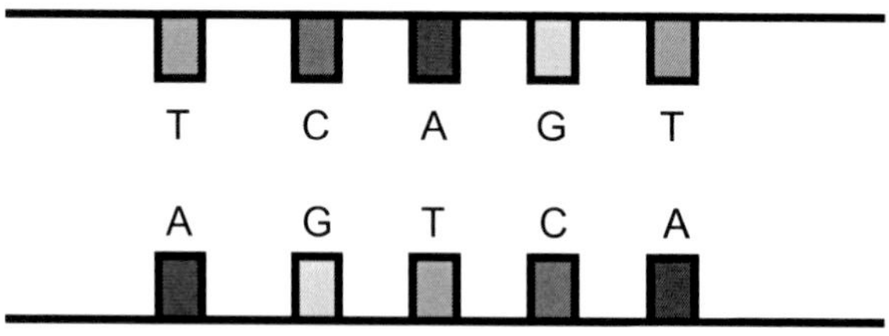

圖5-4　DNA定序法　示意圖

身體密碼開了什麼鎖？：DNA鑑定的應用

相較於傳統之血清鑑定，DNA檢體本身較為穩定、多樣化、鑑定靈敏度較高，鑑定結果可信度也比較高。因此，所有血清鑑定所能應用的範圍，不僅DNA鑑定都可適用，而且DNA鑑定更能大幅提高生物跡證的證據準確度和價值。以下舉出DNA鑑定在刑事及其他各方面的代表性應用。

性侵害案鑑定

性侵害案件是生物跡證出現機率最高的案件，也是最需要被害者配合保全或提供證物的案件。

目前此類案件已設計有「疑似性侵害案件證物蒐證袋」提供醫護人員，在被害人身上有系統地蒐集嫌犯遺留的物證。

犯罪現場則由警察進行搜證勘查，搜尋嫌犯所有可能遺留的跡證。將蒐集到的證物和嫌犯DNA進行比對，是性侵害案件偵查的重要工作之一。

親子鑑定

個體細胞源自受精卵，受精卵之染色體是精子和卵子各攜帶單套染色體所組成。根據孟德爾的遺傳定律，子代DNA之基因型為父親和母親各別的DNA基因半型所組成。因此，鑑定DNA型可以精確地判定親子關係，這是鑑定傳統血型血清蛋白質型或血球酵素型所不能及的。

由於粒線體是由母系遺傳而來，因此可藉由分析粒線體DNA來鑑定母系來源。而對於父系血緣鑑定，可由Y染色體上面的短相連重複序列（short tandem repeat, STR）基因位進行分析。子系的Y-STR序列，會與父系所有男性之Y-STR序列相同。

命案鑑定

命案是暴力犯罪傷害中最嚴重的一種，在這類案件現場中很容易就可以採集到血液、毛髮組織及骨骼等生物跡證，這些都是可以進行DNA鑑定的重要證物。

但在命案現場最常見但也最可能被掉疏忽的是血液。因為承辦員警可能主觀上判定現場所見都是被害者的血，不過命案現場的血跡也可能來自受傷的兇手，或是被害者在掙扎、打鬥時從兇手的身上抓下來的帶血組織。

大型災難罹難者之身分鑑定

在目前的科技中，大型災難罹難者身分鑑定仍以指紋為最優先選擇的方式，但對無指紋檔案或缺少指紋之殘骸的罹難者而言，除非遺骸具有明顯的身體特徵，或身上衣飾配件仍在，否則像空難那種支離破碎或燒焦烤黑的空難屍體，就難以用上述的方式來進行辨識。

此時，DNA鑑定不僅可以取得基本的性別和血型資料，也可獲得被鑑定者的DNA型。以此再去比對親屬的DNA便可獲知被鑑定者的身分。

財產鑑定

由於以聚合酵素鏈鎖反應（PCR）進行DNA鑑定僅需要微量的DNA，因此，許多人訂做自己的DNA，再拿它用來標記個人的財產。例如把DNA塗在珍貴的珠寶或骨董字畫的隱密處，未來若這些珠寶、骨董字畫的所有權發生爭議，僅需鑑定上面的DNA即可判定它的真正主人。此為DNA鑑定科技在財產保護上的特殊運用。

古人遺骸鑑定

人體骨頭分為海綿骨組織（spongy bone）與緻密骨組織（compact bone）。海綿骨周圍有許多骨髓，在人活著的時候，這些骨髓會造血，DNA也最多；但當生命結束時，這裡的細胞會很快地被細菌侵蝕，DNA即遭破壞。

緻密骨正好相反，當骨母細胞長出來時，會立刻被鈣化，而且包埋在緻密骨組織裡，只要沒有骨質疏鬆或流失現象，這些細胞與裡面的DNA就一直被堅固地保護著。換句話說，人在活著的時候，緻密骨裡的DNA數量不如海綿骨多；但當生命結束時，除非將人體放在強酸強鹼等惡劣環境下，否則藏在緻密骨裡的DNA不會完全裂解。

因而當考古學上需要鑑定古人身分時，就可以從骨頭裡萃取DNA來加以辨別。

動植物種屬鑑定

以往保育動物運動者或查緝走私的司法人員常委託鑑識科學學者分析無法辨識的動植物屍體或製品，如受屠海豚及鯨魚屍體、虎骨（粉）、象牙（粉）、犀牛角（粉）、或是被害動物身上發現的花粉等微物跡證，並根據鑑識結果判斷被發現或被查獲的動物屍體或其製品的來源，藉以偵查走私或動物施虐者身分。

以往多半採免疫學法——藉由同種動物之抗原與抗體，其結合物會產生凝集的反應——的鑑識結果來進行這些樣品的種屬鑑定。不過免疫學法有其易受環境影響以及與相似物種交叉反應等干擾因素，由於DNA較穩定且所需樣品量少即可進行鑑定，因此這類案件目前多半改以DNA進行更精密的動植物種屬鑑定。

參考資料

1. 成大法醫學系「DNA鑑定系統」，
http://www.disaster.org.tw/chinese/allen.files/dna.pdf。
2. 蒲長恩〈DNA鑑識方法的演進與身分鑑定簡介〉，
http://www.idealversion.com/biomedicine/archives/010v3n1/bm-09-24.pdf。
3. 駱宜安等合著《刑事鑑識概論》之〈第十三章　DNA鑑定（李俊億、謝幸媚、蔡麗琴）〉，中央警察大學，民國九十六年七月。

6 破天謊
——母親的謊言

拉斯維加斯第一季第廿一集

影集劇情提要

一名小女童在遊樂場玩耍時意外死亡。女童母親陳述她女兒是在搭遊園車時不慎摔出車外，落入軌道下的水池。當時她著急地尋找遊園車的操作員，但遍尋不著，於是女童在等待救援的過程中溺水而死。鑑識人員到達現場，檢查女童所搭乘的遊園車，發現上面的安全帶功能正常，但女童溺斃的水池中卻意外的找到榔頭，鑑識人員初步目驗，女童手臂上有螺旋狀骨折傷勢。

可疑的是驗屍結果確認女童落水當下其實並未遭榔頭擊暈，而是處於清醒的狀態。女童身高三英尺，但溺水而亡的水池水深只有一英尺半，僅到女童胸部，本於求生的本能，女童不可能溺斃。警方一度懷疑有性侵害前科的遊園車管理員，但當警方進一步詢問女童母親案發細節時，女童母親眼睛卻不自主的望向左邊，這是人類在編織謊言時的自發性反應。加上原應跳下水救人的女童母親，她的手錶雖然進了水但鞋子卻是乾的，種種跡象讓人起疑。果然偵訊後女童母親招認是她將女童壓進水池淹死的，痛下殺手只是為了想和男友過沒有小孩煩心的二人生活。

破案關鍵

在偵查一件女童不慎溺水致死案件時，偵查人員在盤問女童母親的過程中發現母親「眼球運動的軌跡」反映出其所陳述的案發過程有異，母親似乎對相關的細節有所隱瞞。由此疑點切入，進一步觀察母親言行上的各種可疑跡象，警方乃將女童母親視為犯罪嫌疑人。加上母親的手錶和鞋子乾濕程度與案發過程並不相符，警方進行偵訊後確認女童母親謀殺自己親生女兒的這個事實真相。

測謊科學，科學嗎？

測謊是科學嗎？測謊可以用於鑑識上嗎？測謊可以當作證據使用嗎？自古以來，刑事司法人員一直追尋能夠分辨真偽言語的方式。比如中國古代的嚼米法——被質問者須先將口中塞滿乾燥的米，並在質問結束後將米吐出，倘若米是濕的，則表示此人所言為真；反之，若米仍是乾的，就代表此人虛假。

嚼米法的判定基礎是建立在一個人說謊時，緊張的情緒會使得他口乾舌燥。現今的測謊沒有這麼原始粗糙。今日測謊技術乃是運用多項生理紀錄儀，由受過訓練的施測者經由一定的測試程序，以受質問者測試問題的生理反應來研判其陳述是否屬實。

測謊器（Polygraph）的誕生

隨著鑑識科學的興起，尋找出令人信服的戳破謊言的技術方法也不斷地改良。一八八五年，義大利犯罪學統計學家凱薩・倫柏羅索（Cesare Lombroso）在警方詢問嫌疑犯時記錄下嫌疑犯的血壓。他發現當人在面臨不愉快的情境或事情下會導致精神緊繃，進一步使得血壓上升。

一九一三年，美國科學家——哈佛大學心理系畢業生威廉・莫爾頓・瑪斯頓（William Moulton Marston）發明了能夠在偵訊過程中自動測量血壓的裝置，且於第一次世界大戰爆發後，應用在偵訊德軍俘虜的過程中。同年，另一位義大利心理學家維托里奧・貝努西（Vittorio Benussi）發明了另一套測謊方式，不同於瑪斯頓將重點集中在觀測血壓，貝努西著眼於被測謊者的呼吸，這是因為壓力會使得人的呼吸速率加快。不論是倫柏羅索、瑪斯頓或貝努西，他們的論點都有著相同的基礎——壓力會使得生理反應產生明顯的變化。

一九二一年，美國加州柏克萊大學醫學院學生約翰・拉森（John Larson）結合了瑪斯頓、貝努西二人的想法，發明了一台能夠在偵訊過程中連續紀錄心脈、血壓和呼吸速率的儀器，並可將三項數據以上升或下降的曲線繪成圖表。他將此機器命名為「polygraph」，意思為「創造出許多圖譜的機器」。

一九二六年，史丹佛大學心理系畢業生凱勒（Keeler）將測謊器改造得更為輕巧，而且他在拉森發明的儀器上加上了另一個監測膚電反應——測量人體皮膚的導電程度的設備，其根據是說謊的人在壓力之下流汗量會增加，而使得身體皮膚的導電度增強而被監測出來。

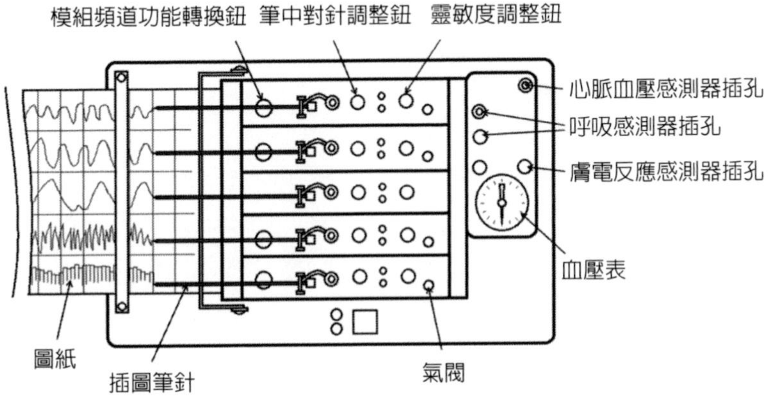
模組頻道功能轉換鈕
筆中對針調整鈕
靈敏度調整鈕
心脈血壓感測器插孔
呼吸感測器插孔
膚電反應感測器插孔
血壓表
圖紙
插圖筆針
氣閥

圖6-1　傳統測謊機圖

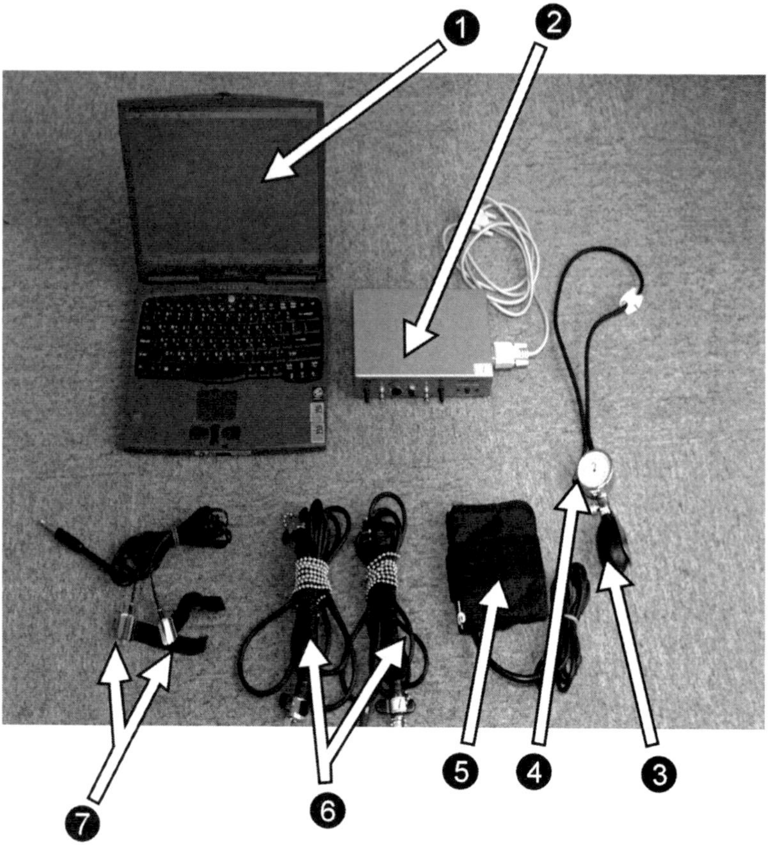

圖6-2　現代Laffette電腦化測謊儀圖（感謝刑事警察局林故廷技正提供）

Laffette電腦化測謊儀圖示說明：1.圖譜顯示螢幕
2.訊號轉換器
3.血壓袖套充氣球
4.血壓錶
5.血壓袖套
6.呼吸感測器
7.膚電反應指尖電極板。

臉紅心跳：說謊的生理反應

為何說謊會造成身、心理壓力，進而影響生理反應，使得說謊這種心理行為得以被物理性的監測到？

這是因為：

第一、受測者害怕說謊若被偵測出來後，會遭受懲罰或產生其他不良後果，比如承擔法律責任、受社會大眾譴責、失去自由、工作等，因而產生了壓力。

第二、受測者的生理反應直接反映出受測者受到施測者所提問題的刺激程度，而非反映出受測者對問題的肯定或否定答案。所以受測者的反應是十分直接且無法掩飾的。

第三、受測者的生理反應是來自於其犯罪後的道德、價值觀聯想所引起的情緒，這種情緒來自人在犯罪後，道德、價值觀相互衝突所引起；是直觀而無法假裝的。

第四、受測者的生理反應來自於其說謊時，認知的答案與回答的答案不同所造成的衝擊。

第五、受測者的注意力集中在對他有立即、最大威脅的事件，該事件因而產生受測者的生理反應。

雖然造成受測者生理反應全體的因素不一，但這不代表在單一個測謊題目或單一次測謊之中就會全部發生。而且雖然說謊會產生某些生理反應，但有這些生理反應也未必也代表受測者正在說謊，因生理反應是源於情緒、認知等交互作用的綜合表現。

刺破你的大牛皮：測謊編題技術

為了提高測謊的可信度，必須仰賴高超的編題技術。編題技術是指測謊人員妥適的編製測試問卷，以達到偵測謊言目的。以下是常用的測試問題類型及編製原則：

相關問題

相關問題又稱刺激性問題，是指正在偵查中的問題，目的是為了讓說謊的人對該問題有罪惡感而產生反應。比如證物的位置、可能的犯案動機或其他與案情相關的事實。

犧牲相關問題

犧牲問題是用來吸收第一次問到相關問題時的心理衝擊。此是為了減少受測者第一次被問到相關問題的衝擊，先以概括性的相關問題緩和受測者的心理壓力，以降低無辜者對測試問卷中其他相關問題的反應。

徵兆問題

徵兆問題用來檢視是否有案情以外的問題影響到測試，以提升受測者對施測者的信賴程度。

無關問題

無關問題又稱中性問題，常放於問卷中的第一個問題，用來引起一個人的反射性反應。在測試當中也曾運用無關問題使得生理反應回到基準狀態。

比對問題

比對問題是在測試中用來與相關問題比對的問題，其目的是要使無辜者的注意力集中在此類問題上，而使其對比對問題的反應大於相關問題。

測謊在鑑識科學方面的應用

測謊儀器的運用可協助釐清偵查方向、建立物證關聯性、探查出犯罪者隱藏的訊息，而測謊的準確度，根據一九九七年美國測謊協會馬里蘭州刑事鑑識中心的統計結果，高達百分之九十八。雖其不如指紋或DNA證據達到幾乎百分之百的準確度，但如何善用這高準確度的測謊技術，是刑事司法人員所應注意的問題。

證據能力是指能夠作為證據之資格，證據必須具備此種資格，才能做為法院審判認定犯罪事實之依據。現今台灣法律根據「補強性法則」，測謊結果雖然不得作為有罪判決之唯一證據，但它並非完全無證據能力，仍在一定程度提供了裁判的佐證；若有其他相關證據時，是可以將測謊結果視為一補強證據的。

測謊機之外的測謊技術

除了利用測謊機，藉由肉眼或儀器，我們還可以觀測幾種的生理反應，判斷受測者是否說謊：

瞳孔測量

日常生活中，除了光線會影響到瞳孔的變化，科學家在一九六〇年代也發現瞳孔大小也受到情緒與心智活動訊息的影響。當緊張、害怕、恐懼時瞳孔會放大——心智的運作負荷越大，瞳孔也會相對放大。因此，觀察受測者的瞳孔變化可以了解受測者一部分心智運作的歷程。

眼球運動紀錄

眼球運動研究主要關切眼球的搜尋軌跡、凝視位置與時間的關係。例如讓犯罪嫌疑人觀看刑案現場照片，並藉由眼動儀紀錄其凝視的位置與時間，了解現場的物證或屍體位置，是否為嫌疑人所關注的焦點，從而得知其是否可能涉案或知道部分案情。

功能性核磁共振監測

藉由核磁共振測量腦內血液動力的變化，來判斷受測人是否說謊。基礎是當人說謊時，編造謊言會使得大腦活動量增加，血液動力便會有所變化。然而此技術應用於測謊是否精確，仍待進一步研究。

腦波圖繪

使用佈滿感應器的頭套來測量腦部的電波，可以記錄下腦波的變化圖。透過讓受測者觀看與刑案有關的文字或照片並觀察受測者腦內的電波，若受測者看到他所熟悉的資料，便會釋放出一種特殊型態的電波，分析人員可進一步辨識出此類波型。不過然而此一測謊方法仍在實驗階段。

參考資料

1.林故廷、翁景惠《測謊一百問》，書佑文化出版，2003年初版，民國九十二年三月。

2.駱宜安等合著《刑事鑑識概論》之〈第十九章　測謊鑑定（林故廷）〉，中央警察大學，民國九十六年七月。

3.Lisa Yount《Forensic Science: From Fiber to Fingerprint》2006。

7 絲絲入寇
——嬰兒身上的毯子

拉斯維加斯第一季第十九集

影集劇情提要

半夜，住宅區裡一戶人家的二樓窗戶被打開，女主人聽見動靜後到嬰兒房查看，發現嬰兒床裡的孩子不見了，床上則留了一張索取贖金的字條。鑑識人員看到二樓對外窗戶的蜘蛛網十分完好，判斷綁架者並非從二樓侵入；同時也發現到嬰兒房裡有大量血液殘存痕跡，懷疑嬰兒已經被害。警犬根據嬰兒衣服的氣味開始追蹤。在離家不遠的地方發現了被一張小毯子妥善包裹著的嬰兒屍體。

法醫驗屍之後認定嬰兒是被人用軟布捂住口鼻窒息而死，嬰兒的肋骨也被壓斷。鑑識人員首先鑑識出勒索紙條是從男主人公司秘書的印表機上列印出來的。但女秘書除了承認和男主人曾有過曖昧關係外，並不承認綁架並殺害嬰兒。

鑑識人員認為棄屍的人顯然非常愛孩子，才會仔細地將屍體包裹上毯子。分析了嬰兒口鼻上殘留的纖維與包裹屍體的毯子，發現它們都屬於被害者家中所有。原來命案的真相是二弟頑皮逗弄小弟，不慎用軟布捂死了嬰兒；驚惶失措的大哥在給嬰兒做人工呼吸壓斷了嬰兒的肋骨。為了不給二弟將來的成長造成陰影，嬰兒的父母在驚慌中捏造出這起綁架案。

破案關鍵

原本是一件擄孩勒索的案件，經由鑑識人員的科學分析，發現「贖金字條」是由失蹤孩童父親公司裡的印表機列印出來的；而包裹小孩屍體的毯子及其口鼻所發現的纖維都是小孩家中所有。應用犯罪心理學分析——擄走孩子並棄屍的人似乎非常的疼愛小孩，偵辦人員大膽推斷該擄人勒索案件實有不可告人的內情！在警方施壓下，小孩父母最終招認了次子失手悶死幼子、為了不造成次子陰影而捏造出綁架案的實情。

絲絲入扣：纖維是什麼？

一根細小的纖維為什麼有辦法幫助警方辦案？要回答這個問題之前，我們必須先認識什麼是纖維。纖維是指由連續或不連續的細絲所組成。舉凡棉、麻、毛、嫘縈、耐綸、聚酯等構成人類衣著服飾所需之材料，皆稱為纖維。依其種類與成分又可以分為天然纖維和人造纖維兩大類。

天然纖維是指從自然界生長或人工培養的動植物中獲得的紡織纖維。如棉纖維是棉花種子外的絨毛；毛纖維是綿羊、山羊、兔子等動物的毛髮；麻纖維是取自麻類植物的韌皮纖維或葉纖維；絲纖維是由蠶腺分泌液凝固而成，也就是很多人小時候養的蠶寶寶所吐的絲。不同的天然纖維織物具有各自的特質，表現在織物特有的風格和手感上，從總體上看，由於天然纖維的吸濕能力強，因此構成織物的吸濕透氣性好，穿著舒適，具有衛生保健性。但可洗可穿性、抗化學試劑性及耐黴蛀性就不如人造纖維了。

人造纖維又稱為化學纖維，是經過化學方法所製成的纖維，通常可分為再生纖維、合成纖維及半合成纖維。再生纖維具有蠶絲一般光澤及很好的吸水性，在稀酸或稀鹼溶液中安定、易於染色及洗濯，但較不易傳熱、耐張力較低，例如：嫘縈。合成纖維是以石油產品為原料經化學合成的纖維，例如耐綸、奧綸、達克綸。合成纖維具有強韌、不易起皺、快乾、不受化學藥品作用及不怕蟲咬等優點，但吸水性及透水性較差。醋酸纖維是將纖維素以乙酸處理生成屬於半合成纖維。

表7-1　纖維分類表

- 纖維
  - 天然纖維
    - 植物性纖維 — 棉、亞麻、太麻、苧麻、瓊麻、馬尼拉麻、芭蕉、椰子
    - 動物性纖維 — 獸毛：羊毛、駱駝毛、兔毛等；絹：蠶絲
    - 礦物性纖維 — 青石綿、玻璃纖維
  - 人造纖維
    - 再生纖維
    - 半合成纖維
    - 合成纖維

抽絲剝繭：纖維鑑識方法

鑑識人員在觀察該物質是否為纖維以及它屬於何種纖維時，多半依據其橫切面及表面的長軸形狀為判斷依據，再根據它的回潮率（衡量纖維的吸水能力）、熔點、比重、熱收縮率等物理特性和該纖維的聚合度、對染料的染著性質、耐酸鹼性和燃燒性等化學特性及機械性質，和對生物對抗性質作為纖維種類的判斷依據。例如在顯微鏡下，棉的纖維呈現緞帶狀且扁平，羊毛等動物纖維鱗片型態。

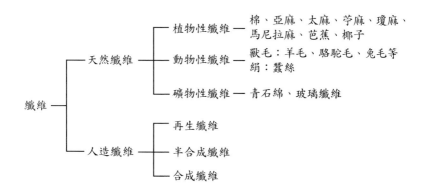

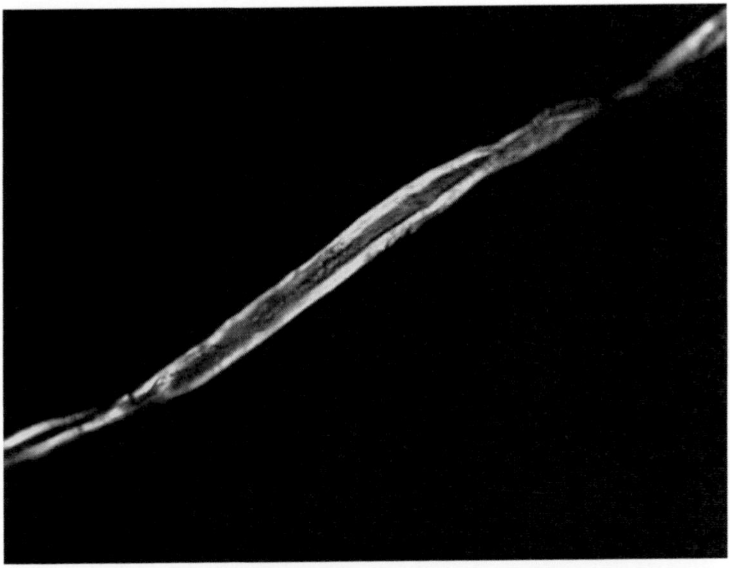

圖7-1　棉纖維偏光顯微鏡圖（使用補償片增加對比）

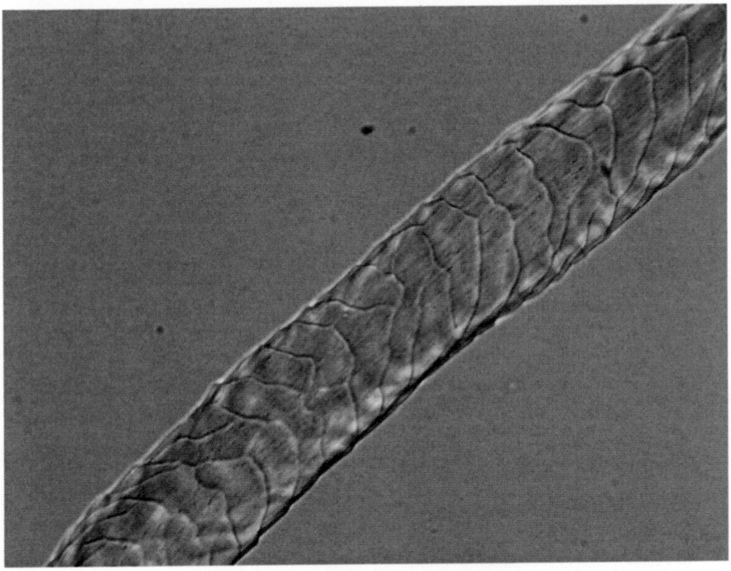

圖7-2　羊毛纖維偏光顯微鏡圖

根據路卡交換原理（Locard's exchange principle），兩物體之間接觸必產生兩者的轉移。以纖維來說，因為轉移的纖維太微量或流失的速度太快而不容易被檢驗出，加上遺留在犯罪現場的纖維相當容易受到污染，流失再轉移，所以鑑識人員在處理纖維樣品時格外的小心。

根據以往的經驗，物品間因為接觸所留下的纖維樣品，在接觸後四小時後約會流失轉移量的百分之八十，二十四小時後則約僅有百分之五至十的留存量，同時，研究發現，長纖維比短於二點五毫米的纖維更易流失！時間成為了纖維鑑識的重要關鍵。因此在檢驗時鑑識人員一定優先處理纖維樣品，而纖維樣品中又要優先處理長纖維樣品。

紅外光譜分析法

在纖維分析方面，紅外線光譜分析方法是最常用的方法，亦可利用纖維非等方向性性質，採用偏光顯微鏡來獲得其光學性質。

偏光顯微鏡在其光源上方有一偏光鏡（polarizer）和一個聚光鏡（condenser），在物鏡筒上方還有一個上偏光鏡（analyzer）。其原理是藉由光波的振動方向與其前進方向垂直，光線通過偏光鏡後可使原本向各個方向振動之光線變成單一振動方向的光線，這就是偏光。

在偏光顯微鏡下可觀察到物質的顏色和多色性（由於物質在不同晶體方向吸收不同波長的光所產生）、折射率的大小，以及其消光角等可協助我們鑑定未知的纖維。

除了偏光性，我們還可利用非等方向性材料來判斷其消光性。消光的方式很多，有平行消光（parallel）、斜消光（oblique）、對稱消光（symmetrical）及不完全消光（incomplete）等，可藉由加入上偏光鏡，旋轉載物台觀察之。像絲（silk）、嫘縈纖維（viscose rayon）屬平行消光；天絲棉纖維（tencel）屬於不完全消光，且在偏光顯微鏡下會產生十字型的影像。紀錄不同纖維的光學特性，就可成為鑑定比對時的重要參考數據。

另外，亦可將纖維置於一已知折射率之折射液，用降低平台觀察貝克線的方式來判斷纖維的光性符號，若平行方向之折射率大於垂直方向的折射率，則光性符號為正，反之則為負。

觀察貝克線的方式為光線自下方穿過載液進入待鑑定物質，再穿出鑑定物質回到載液時，當載液的折射率值小於待鑑物質，穿出物質回到載液的光線會向光軸中央處集中；相反的，當載液的折射率值大於待鑑物質時，穿出物質回到載液的光線會向光軸外圍發散。

因此可藉由控制載物台之高低，觀察物質與載液，何者折射率較大，一般操作的方式為將載台略往上升，此時觀察平面會略為升高，若觀察到光線向待鑑物質內移動，則表示載液的折射率值小於待鑑物質，反之亦然。

物理特性觀察法

在纖維的物理特徵分析方面，我們可以使用實體顯微鏡觀察纖維的捲曲、長度、相對直徑、光澤與外表的型態和表面破壞的痕跡、附著殘跡物等。

當所有的特徵在實體顯微鏡下均無法區別其差異時，則可使用比對顯微鏡進行分析。利用邊對邊、點對點的比對檢驗，可以區別表面相似的纖維是否為同一種纖維。另外以燃燒的方式將纖維以火焰燃燒，就其燃燒現象及所產生之氣味與灰燼等結果進行鑑別，也可以判斷各種纖維的種類。

又或者選擇比重法：將纖維上的非纖維物質及水分充分去除後，再將纖維置放入已知比重之適當溶液中，依其呈現之比重，測定纖維之比重，再利用此測定結果去比對已知的纖維比重，這也可以判斷纖維的種類。

除了纖維的成分，纖維的顏色也是可以分析的。有的纖維可能整條呈現一致性的顏色，有的則因位置不同而呈現不同顏色。所以在分析上，可以透過觀察和分析這些顏色以便了解纖維的染料，以及染料究竟是紡紗之前或之後所染上的。這個訊息透露各纖維加工過程的差異，也因此纖維上的顏色特徵具有相當重要的比對價值。

顏色的比對目前是使用顯微分光光譜儀來進行分析，測定纖維在某一波長範圍中吸收光譜，可以用來對兩顏色相似之纖維進行比對，由其吸收光譜圖可以判定其染料顏色成分是否相似，或只是肉眼看起來顏色相近而已。

除了利用顯微鏡比對觀察顏色，萬一兩種纖維在製造過程中使用不同染料，但卻在顯微鏡下呈現相同的顏色時，可以使用薄層層析法顯現出其差異。例如：兩件在日光燈下顏色相同的成衣，在螢光燈下可能會呈現不同的顏色。薄層層析法可將混合的染料成分加以分離，其原理是利用液體（移動相）在固體平板（固定相）上彼此吸附能力的不同而造成分離。

以上述混合染料分析來說，染料液體即稱為移動相，分析薄層的鋁平板是塗覆到平板上則稱為固定相。展開前，先將染料點在薄層板上，並等染料點乾燥。此時染料是分析物，不是移動相。展開時薄層板放入裝有展開液（移動相）的玻璃展開槽中，不是將薄層板放入「染料中」。展開液的液面不可高於染料點。接著，移動相因毛細現象充滿薄層（薄層是一種多孔性顆粒狀材料，以矽膠凝體最為常見，不是一種薄膜），並在薄層板上向上移動。

當移動相上升至薄層的染料點時，開始將不同染料以不同的速率向上帶動，產生分離。分離時染料係被移動相溶解而上升，不是被移動相吸附而上升。因此，較易溶於移動相，且不易被固定相吸引滯留的染料，上升速率較快；反之容易被固定相滯留，不易溶於移動相的染料，上升速率較慢。薄層上的移動相經一段時間之展開後，不同染料即被分離。

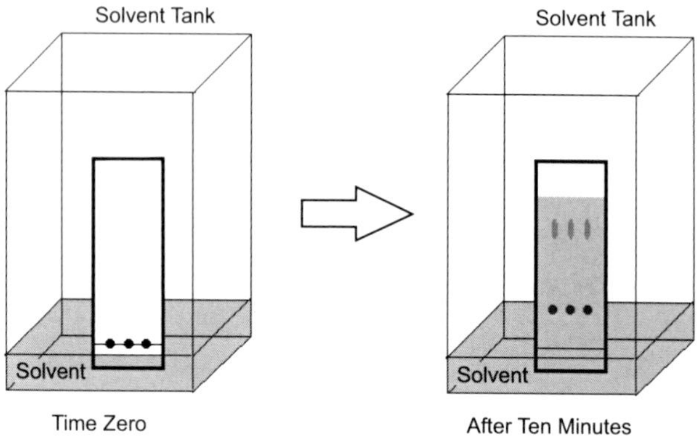

圖7-4　薄層層析分離染料的示意圖

左圖為分離前情形，右圖為分離後情形。注意展開液（移動相）已經上升到薄層板上方。另一種利用螢光顯微鏡區分的方式，是利用纖維本身的螢光性、染料、亮光劑與其他衍生劑的差異，藉由激發光源讓具螢光性的纖維放射出等於或低於激發光源能量的螢光變化不同來區分各類纖維。

參考資料

1.「從一根纖維談起」，

http://mypaper.pchome.com.tw/kittycho/post/1283095131。

2.「夢幻繽紛——淺談微物鑑識」，

http://www.cib.gov.tw/CibSystem/Magazine/File/A/0000000329.pdf。

3.「天然纖維的分類與特性」，

http://www.jollina.com/hk/blog/article.php/31。

4.「纖維之種類與性質」，

cec.npust.edu.tw/e-learning/fabric/%B2%C4%A4@%B3%B9.pdf。

5.「天然纖維的種類和特性」，

www.asflower.com/Fashion/TeachingKit/notes/form1/Ch07.doc。

6.「人造纖維」，

file.sysh.tc.edu.tw/school/data/files/200904232034350.doc。

7.駱宜安等合著《刑事鑑識概論》之〈第八章　毛髮、纖維與油漆鑑識　（李俊億、謝幸媚、蔡麗琴）〉，中央警察大學，民國九十六年七月。

8 見微知著
——廚房喋血事件

拉斯維加斯第二季第十四集

影集劇情提要

牛肉加工廠負責人在絞肉機裡發現一截手臂，附近也發現一個耳塞。經鑑識人員查詢指紋辨別系統，確認手臂主人是某家飯店的主廚，而耳塞則是該飯店運貨工人所有。偵訊工人後，他供出副主廚叫他幫忙運屍以抵消所欠的吸毒費用。鑑識人員進到飯店廚房蒐證，發現確有毒品及屬於死者的精液反應，而排水孔口則發現沾有沙子的血液凝塊。接著鑑識人員副主廚刀上則找到屬於外場女服務生的紅色指甲油。另外也在廚房的燒烤通風口發現沾有死者血跡的羊毛微物跡證，經檢測，確認是西裝的衣料。而飯店裡只有經理才穿著西裝。

檢驗副主廚刀柄裡的沙子後發現其成分和下水道沾血的沙塊一樣。這把刀應該就是兇刀無誤。原來全案係外場女服務生不滿與之相戀的主廚和其他女廚師發生關係，憤而隨手抽用刀架上的副主廚刀子將死者捅死。副主廚和經理為了保護飯店聲譽，於是合作將死者肢解。肢解屍體的過程中，副主廚刀柄漏出的沙子連同死者血污一道流入排水管道。毀屍滅跡後，副主廚再在燒烤通風口那裡把經理染滿血跡的西裝給燒掉滅跡。

破案關鍵

駭人的肢解案件，在偵查人員的層層剖析之下，慢慢地拼湊出真相的面貌。從耳塞連結到運貨工人、經由工人口中追出飯店副主廚，從而鎖定犯罪嫌疑人。在飯店廚房中，鑑識人員發現了死者的精液、血液凝塊、沾有血跡的羊毛，種種跡象顯示廚房就是第一現場。而羊毛經實驗室分析發現是從飯店經理身上的西裝所遺落。另外，在副主廚的刀上發現了紅色指甲油與不知道為何會出現的微量沙粒，經由對指甲油及沙粒的分析，發現紅色指甲油乃是來自外場女服務生，而沙粒則與地下水道的沙塊成分相同。這些微物跡證連結了飯店的員工——副主廚、經理、外場女服務生，進一步推敲犯罪過程之後，案情終於水落石出。

一沙一世界：什麼是微物鑑識？

微物指的是微量證物（trace evidence）。舉凡各種遺留於犯罪現場、與嫌犯及犯罪事件有關聯的小東西都是微量證物。

被視為「微量證物鑑識大師」的法國刑事科學家埃德蒙・路卡（Edmond Locard）博士，於一九二八年提出「路卡交換原理」（Locard exchange principle）。此原理主張：「當兩個物體發生接觸時，產生相互轉移作用，使得其中一物體上之物質轉移至另一物體上。」美國鑑識科學之父保羅・奇克（Paul Kirk）博士進一步修正該原理為：「嫌犯不可能不遺留證據在犯罪現場，以及帶走原本於現場的證據。」由此可見微量證物的分析，對於案件偵查有著極關鍵的影響。

科技的進步使得微量證物的分析更加周全且精確。在建立完整的資料庫後，可讓以往被視為間接證物（circumstantial evidence）的微量證物，也能扮演決定案件偵查方向的關鍵角色。在缺乏有效的DNA以及指紋證物下，微量證物更能協助執法人員抽絲剝繭，釐清真相。

處處留心即學問：常見的微物跡證

根據國際知名微物鑑識專家尼古拉斯（Nicholas Petraco）表示，最常需要微量證物鑑識的案件有殺人、強盜、強姦、傷害與竊盜等。一般而言毛髮和纖維是殺人與強姦案件中最常見的證物，這是因為嫌犯和被害人有激烈的身體接觸，造成穿著衣物上纖維或毛髮的轉移。玻璃和油漆則常見於車禍肇事或住宅竊盜案。土壤與其中的花粉則可以證明任何案件嫌犯以及受害人是否曾到過現場或指出其活動區域所在。

除了本書先前所提到的毛髮、纖維與之後所會提到的油漆和工具痕跡外，常見的犯罪現場微物跡證有：

土壤

土壤是一種由沙、泥沙、泥土的混合物所組成的細小粒子。它除了一些因氣候風化影響所形成的細小岩石外，還可能包括許多植物腐化所形成的有機物，甚至人類和動物活動所產生的有機物。當然人類活動結果並不以生產有機物為限，油漆、玻璃、水泥、工廠廢棄物、化妝品、指甲、纖維均可能和土壤混雜在一起，形成極為複雜難以分析的微量證物。

在犯罪偵查的領域中，土壤證物常被用來判斷嫌犯、被害者與犯罪現場的關係，鑑識微物跡證的重點就在建立其中的關係。就鑑識的觀點而言，土壤因多為一毫米到零點零零二毫米以下的微小粒子，所以當兩物接觸被轉移時當事人不易發覺。例如肇事逃逸交通事故中，比對現場遺留的和嫌犯保險桿或汽車輪胎上的土壤；或比對嫌犯鞋底和犯罪現場的土壤等，鑑識土壤的技術都派得上用場。

玻璃

狹義的玻璃是指熔融物在冷卻過程中不發生結晶的無機物質，所以又稱為超冷液體。普通玻璃的主成分是二氧化矽，因其熔點太高，因此製造玻璃時加入碳酸鈉和與碳酸鉀以降低熔點。

但加入碳酸鈉造成玻璃可溶於水，故另加氧化鈣使玻璃不溶於水。為了改變玻璃的特性與用途，常加入其他成份。例如加入鉛或鋇的氧化物以提高折射係數，使玻璃飾品更加閃爍曜眼。加入硼和鋁的氧化物，可改變玻璃的導熱性質和膨脹係數，製造可直接加熱的玻璃器皿。加入一些金屬的氧化物和金屬元素膠體粒子則可改變玻璃的顏色，例如加少量鈷製造藍色玻璃，加入錫和砷的氧化物可製造白色不透明玻璃，加入銅的氧化物可製造青綠色玻璃，添加金屬銅則可製造深紅色不透明玻璃。

由於不同玻璃所含元素成分不同，容易被分析出差異性，玻璃又常應用在日常生活的各個方面，加上其具有易碎性，極容易在犯罪現場中採集到，是容易蒐集到且容易判別異同的微物跡證。

常用的玻璃證物鑑定方法可分為預備比對、密度比對、折射率測定和元素分析比對。預備比對主要是檢驗裂痕的吻合性、色澤、厚度的差異，或判別玻璃是平板型或彎曲型這些屬於排除性的鑑定。密度比對中若直接測量出玻璃碎屑的密度稱為絕對密度法；而另一種相對密度或稱為比較密度法則不需要計算出受測玻璃的絕對密度，只需要把玻璃物證和現場遺留玻璃證物之密度值異同檢測出來即可。

鞋印

鞋印在偵查與後續的重建上非常重要，它可以顯示鞋子的大小、現場的人數及遺留鞋印的人在現場行進的方向及活動等。鞋印採取前須先照相記錄，照相時須注意相機與鞋印須保持垂直，照相時須多拍攝多個角度光源的相片以呈現出鞋印的立體感。關於「痕跡」與「鞋印」更詳細的說明見本書第12單元。

魔鬼就在細節中：微物搜證過程

刑案現場勘察是一種發現的過程——發現在犯罪現場所發生的所有犯罪活動，如犯罪本質、犯罪型態、物證種類及其他所有在犯罪現場及與犯罪相關的事實真相，所以鑑識人員必須在犯罪現場進行系統性勘察。

刑案現場勘察是以科學方法為基礎，包括現場保全、現場搜索、現場紀錄、物證辨識、物證顯現、採取、包裝與保存、物證鑑定、現場分析，最後進行犯罪現場重建。接下來便依現場搜索、現場紀錄、物證進一步還原案情細節。最後利用顯微鏡從微物跡證中找線索，確定原先推敲的案情，以便偵破案件。

現場搜索、現場紀錄與物證採取

現場搜索能找出所有有用的證物，用來連結或澄清嫌犯或證人與犯罪的關聯。其方法又分為直線法（帶狀法）、方格法、區塊法和螺旋法。

直線法是把現場封鎖成方形，搜索隊排成手臂長的間隔，沿著直線前進搜索，勘察人員必須在他前進的路徑上找尋證物，這種方法也稱為帶狀法；方格法是改良的雙直線搜索法，本法是以直線法搜索後，再以另一個直線法在同一區域進行搜索，但兩者進行方向是相互垂直；區塊法則為依據現場大小，規劃為幾個合適的大小區域，每人搜索一個區域——最好每個區域都有兩個勘察人員搜索過。螺旋法是以螺旋方式從犯罪現場外圍開始，漸次朝中心旋轉搜索，直到抵達中心點。

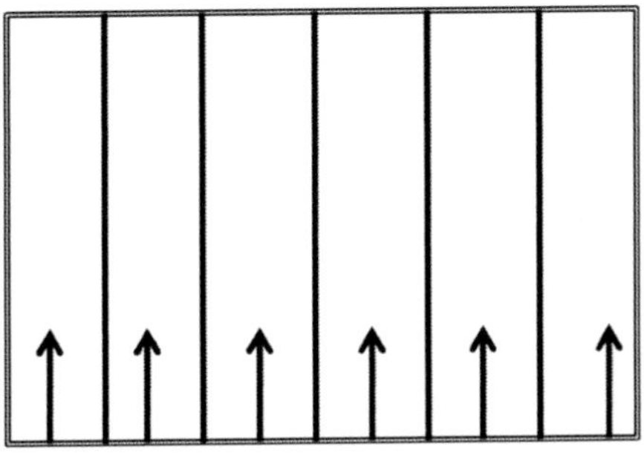

圖8-1　直線（帶狀）法

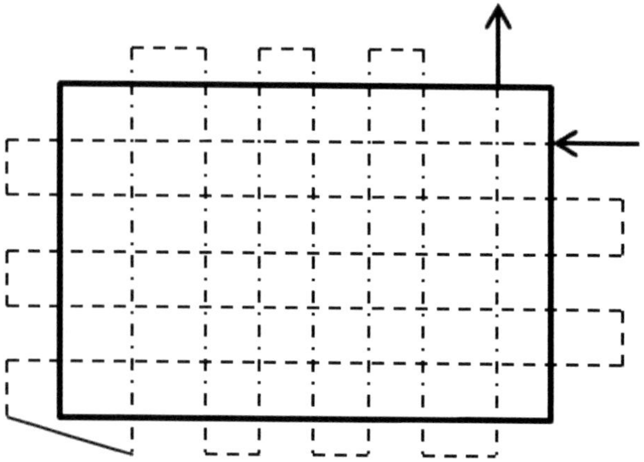

圖8-2　方格法

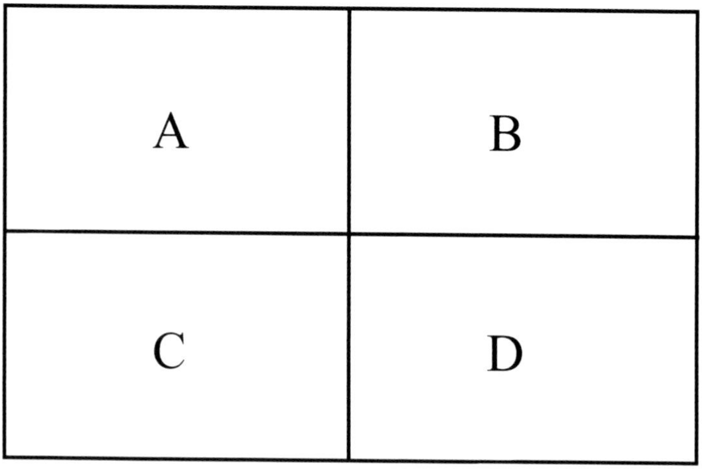

圖8-3　區塊法

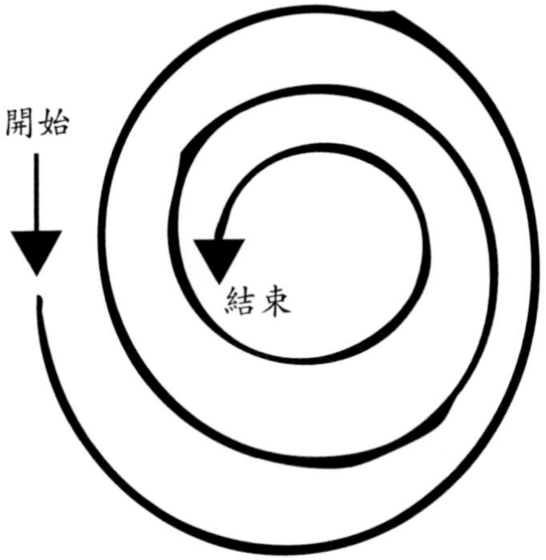

圖8-4　螺旋法

進入刑案現場，鑑識人員必須能立即反應，確保自身對現場的掌握，並能控制現場情況，保存物證、記錄現場狀況、位置與相互關係。正確的現場紀錄能再次驗證現場採集到的物證，客觀的恢復一部分犯罪過程。

讓鑑識顯微鏡來幫忙

人眼所能分辨的最小距離約為兩百微米（μm），而在刑案現場中，有許多細微的證物如直徑約一百微米的毛髮、纖維或是更小的火藥殘跡顆粒等，雖然細微，但是卻存在著許多與案件有關之關鍵訊息。為了分辨這些微量證物，鑑識科學家需利用各種不同的顯微鏡來分析多樣化的證物。

顯微鏡通常包括鏡頭系統、對焦系統、照明系統、載物系統等設備。為了分析多樣化的證物而使用的鑑識顯微鏡有一般的複合式顯微鏡、實體顯微鏡及比對顯微鏡等，其他因應特殊需求的顯微鏡則有偏光顯微鏡（polarized light microscope, PLM）、相位差顯微鏡（phase contrast microscope, PCM）、電子顯微鏡（electron microscope, EM）、顯微光譜儀（microspectrophotometer, MSP）等。

1.複合式顯微鏡

複合式顯微鏡為一般常見的穿透式顯微鏡。穿透方式有垂直穿透與反射穿透二種。它適用於一般可穿透之微量證物分析，如血型檢查、毛髮外型檢查、纖維檢查、結晶試驗檢查、玻璃微物檢查等。

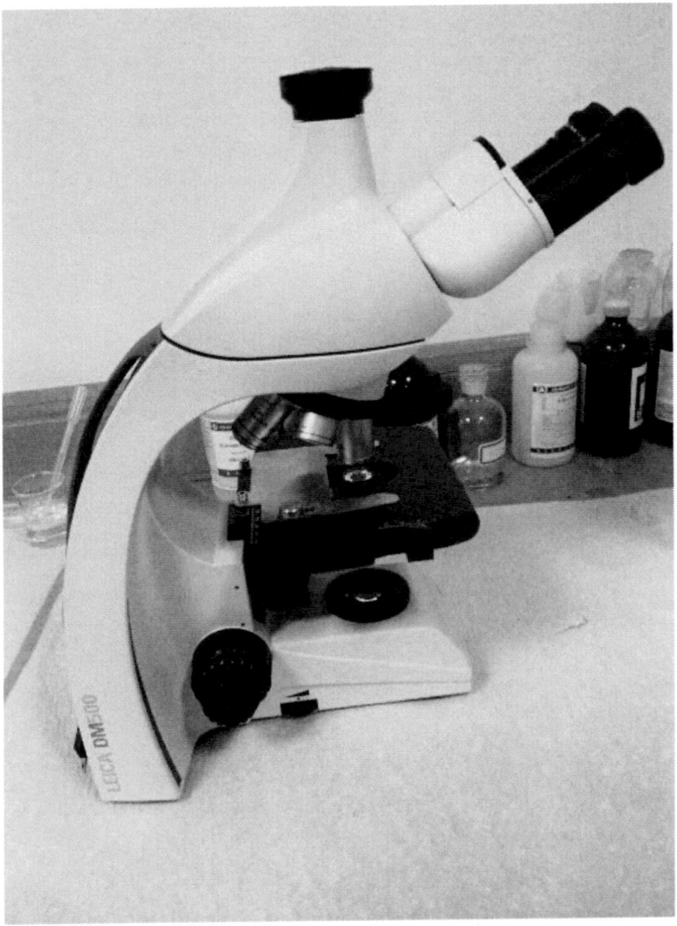

圖8-5　複合式顯微鏡

2.實體顯微鏡

實體顯微鏡利用光徑上直立的稜鏡得到實物的成像，而目鏡部分由二組複合顯微鏡組成，可以造成立體的成像。由於它的放大倍率不高，鏡頭工作距離長，所以它常用於大部分證物初步檢視比對，如油漆碎片、土壤、火藥殘跡、筆壓、玻璃碎片、墨跡等，是鑑識實驗室常使用的初步篩檢工具。

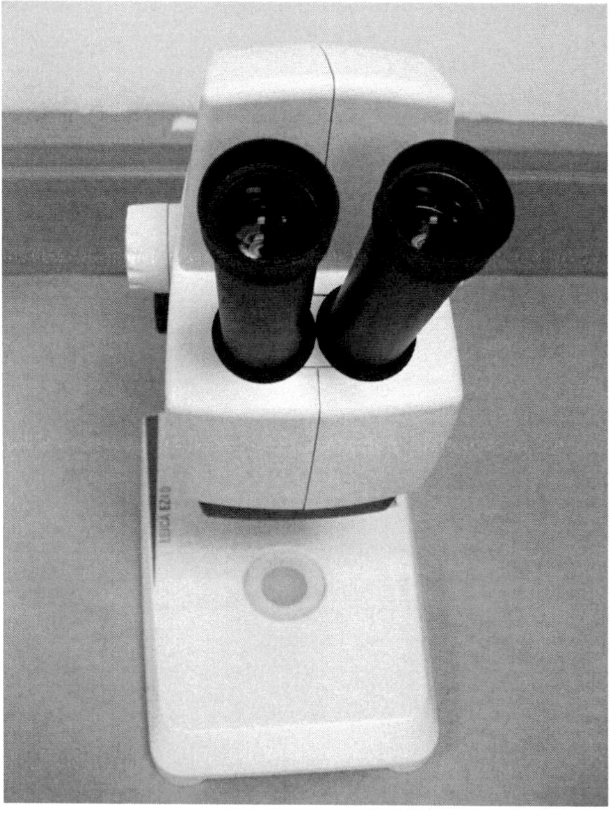

圖8-6　實體顯微鏡

3.比對顯微鏡

比對顯微鏡是由二組顯微鏡所組成，透過一個鏡橋將兩個不同物鏡上所獲得的影像透過一系列的鏡片組反射到雙目鏡上。在目鏡下的影像從中間分開來自各物鏡。它適合用於各種工具痕跡比對，如槍彈鑑識中膛線（rifling，或譯作「來福線」）痕跡比對、彈殼底部紋痕比對、文書鑑定筆跡比對、毛髮與纖維的比對與其他工具痕跡等。

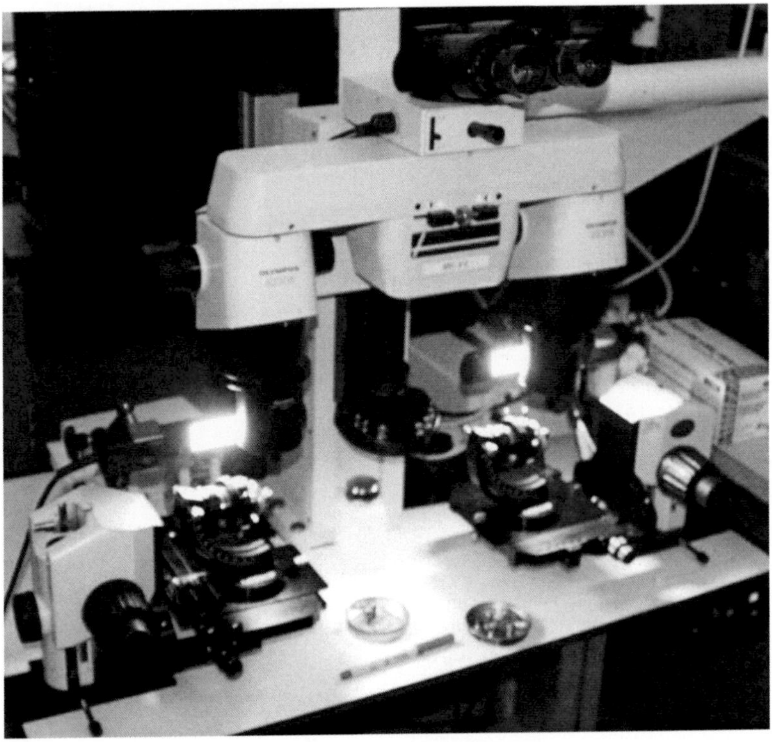

圖8-7　比對顯微鏡

4.偏光顯微鏡

由於能有效分析證物多樣化之光學特性，偏光顯微鏡在鑑識實驗室中是常用的分析利器。配合實體顯微鏡觀察樣品及前處理，偏光顯微鏡可以有效地進行觀察及鑑定。其原理是因物質具有一個以上之折射係數，光通過物質後經過偏光作用，形成振動方向互相垂直之快光及慢光。當快慢光離開物質通過另一偏光鏡後將快慢光再合併產生干涉色，顯示物質之特性色彩。毛髮、纖維、毒品、火藥、土壤等跡證的鑑識工作，都可以利用偏光顯微鏡來進行鑑定或排除比對。偏光顯微鏡可進行之光學分析，包括正交偏光應用、消光性影像觀察、決定光性符號（＋）（－）、判斷單光軸——雙光軸晶體及顯微化學試驗等。

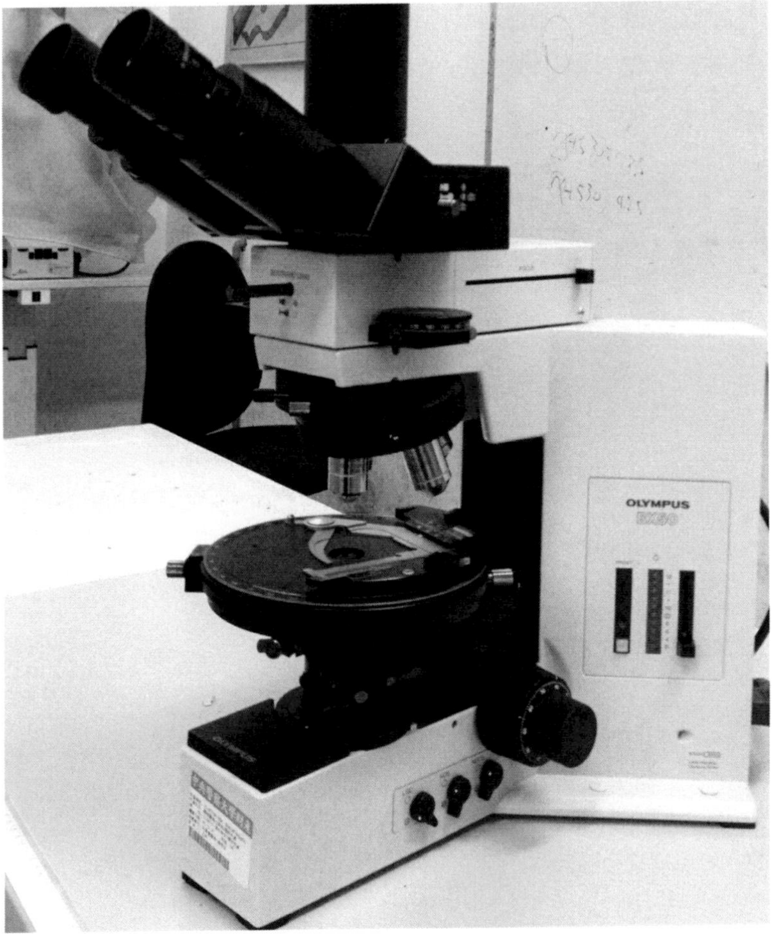

圖8-7　三鏡偏光顯微鏡

5.相位差顯微鏡

許多透明的物體在顯微鏡下通常不易看清楚，位相差顯微鏡是利用分析物的光程差所產生光的干涉現象，將人類不可分辨的相位差變成可以分辨的振幅差，使無色透明物質變得清晰可見，在鑑識實驗室裡它常用於觀察透明物體，如玻璃、微生物等。

6.掃描式電子顯微鏡（scanning electron microscope, SEM）

掃描式電子顯微鏡與以一般光學顯微鏡不同，其成像是利用電子束撞擊樣品，使樣品發射二次電子而來。電子顯微鏡有較高的放大倍數、高解析能力和較大的影像景深。另外再搭配X光能譜儀，使電子顯微鏡可以用於測定樣品的組成元素及影像。老最常用於射擊殘跡之檢查、毛髮型態學探討及表面材質檢查等應用。

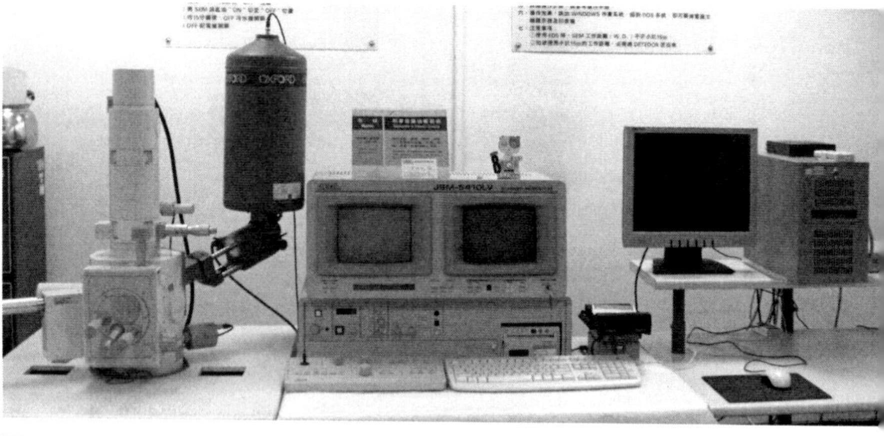

圖8-8　掃瞄式電子顯微鏡（感謝中央警察大學科學實驗室協助拍攝）

7.顯微光譜儀

顯微光譜儀是結合顯微鏡及光譜儀作為微量跡證的檢查工具。它常結合可見光及紫外光顯微光譜儀與紅外光顯微光譜儀等；主要應用於文書、油漆、纖維鑑定等。

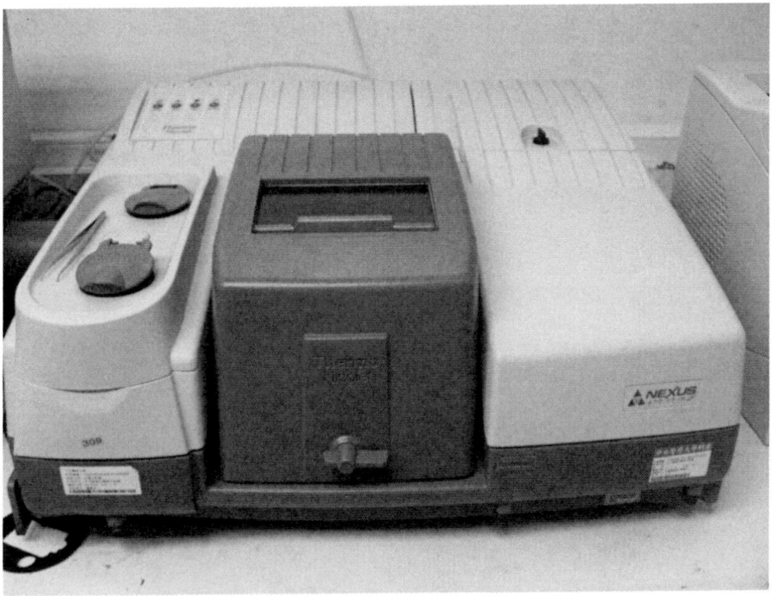

圖8-9　紅外線顯微光譜儀

掀起了你的蓋頭來：協尋微物跡證的利器——多角度或特殊光源

在刑案現場搜尋證物時，常借助目視或打光的方式搜尋微物跡證；一般多先使用可見光。可見光的波長範圍是在四百至七百奈米（nm）。但某些證物，如指紋、血跡或纖維等，某些成分會吸收某段波長的光，並放出螢光，所以此時可借助一些儀器如多波域光源或雷射、紫光燈等來觀察可能的反射光或螢光。雖然市面上已容易購得「低角度環形光源」，但使物體表面輕微的高度變化或表面細微特徵能被清楚紀錄，刑案現場還是多是用低角度線性光源。

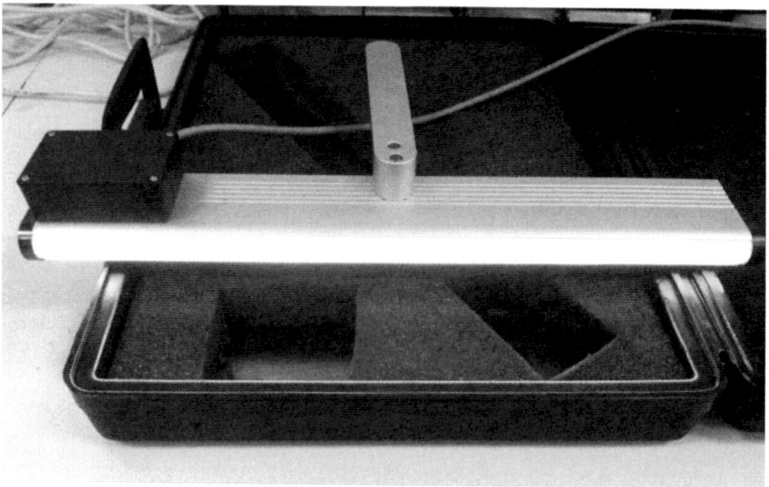

圖8-10　線性光源照片

顯微照相機將光源內建於鏡頭內，除同軸光源外，顯微物鏡亦具有低角度光源，如下圖顯示五十元硬幣在不同方向光源方向拍攝下所造成的影響，不同光源方向將造成紋痕有不同的陰影位置，當以環型光源拍攝時，主要紋痕部分會被拍攝下來，但較細微紋痕部分則模糊，在這樣的情況就必須考慮使用不同光源。如此所製造出來的融合後影像，才能完整紀錄主要輪廓和細微特徵，方便作為日後鑑定主要依據。

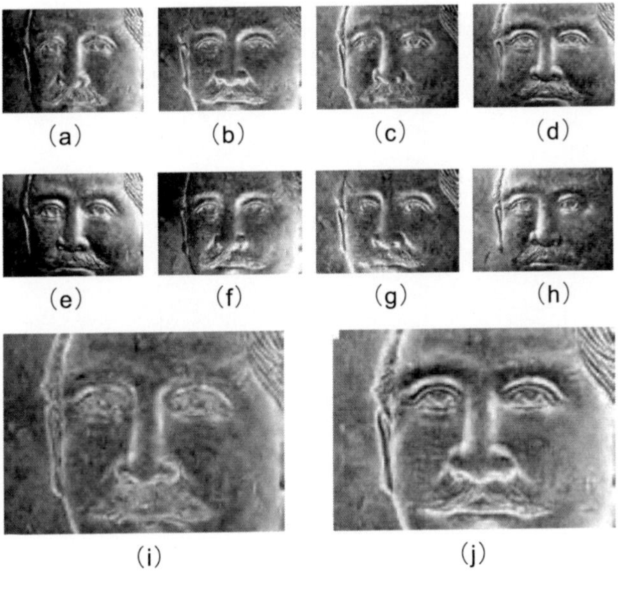

圖8-11　以不同角度光源拍攝硬幣情形

（a）右方光源；　（b）下方光源；　（c）左方光源；
（d）上方光源；　（e）右上方光源；（f）右下方光源；
（g）左下方光源；（h）左上方光源；（i）環型光源；
（j）a和b影像融合情形。（感謝中央警察大學溫哲彥教授及高雄市警察局刑事鑑識中心余秋忠提供照片）

國際知名的微物分析專家沃爾特・考克斯麥克龍（Walter Cox McCrone，為McCrone Research Institute的創辦人）累積數十年的顯微鏡分析經驗，已經可以利用顯微鏡鑑定出數千種物質。在DNA技術尚未成熟前，以顯微鏡對微量證物進行分析，提供了許多關鍵鑑定結果，並偵破了許多案件。

目前臺灣鑑識實驗室也以建立顯微鏡分析各類纖維之物理特性、毛髮形態之建檔、以及各種化學物質（如：火藥、藥毒物）之顯微化學試驗的資料庫為目標，期望在利用顯微鏡鑑定案件中的未知物時，可以更精準地進行分析比對，提供關鍵訊息，協助偵破案件。

參考資料

1.「夢幻繽紛——淺談微物鑑識」，http://www.cib.gov.tw/CibSystem/Magazine/File/A/0000000329.pdf。

2.羅嘉欣《赴美國研習微物跡證鑑識等技術報告書》，臺北市政府警察局。

3.「推理星空」，http://www.faces.com.tw/modules/news/article.php?storyid=424。

4.駱宜安等合著《刑事鑑識概論》之〈第四章　證物之物理性質在鑑識科學上支應用：以玻璃、土壤為例　（駱宜安）〉，中央警察大學，民國九十六年七月。

5.蔡俊章、溫哲彥、羅時強、范兆興、余秋忠、林明鋒、王喬立、程志強〈可攜式數位顯微照相機在刑案現場工具痕跡之應用〉，http://www.rayway-tech.com.tw/download/paper1_tools.pdf。

6.林文煜《槍案現場處理及鑑識》，臺北市政府警察局。

9 析盡鉛華——藍色殺機

拉斯維加斯第三季第十一集

影集劇情提要

鑑識人員發現了原以為是連續殺人案件受害女子的毛髮，竟是死刑犯自己的。這個新證據使得已經在執行注射死刑的死刑犯被搶救回來。與此同時，警方又發現遭到類似犯案手法殺害的第四名少女屍體。這名少女和前三名受害女子的被害情況一樣—手上沾有藍色油漆、雙手被塑膠繩捆綁後用塑膠袋包裹棄屍在大學校園裡。

鑑識人員透過現場的證據推敲，真正的殺人兇手將藍色油漆塗在欄杆上，趁受害者不慎沾染到，去陰暗處的洗手檯洗手時襲擊她。經實驗室分析油漆的成分，發現四名女子受害的案件中，只有第一、二及四案中的油漆具有高劑量的機油—機油使得欄杆上的油漆不易乾，延長兇手的可犯罪時間。由此鑑識人員推斷接受注射死刑的死刑犯是模仿犯，他只犯下第三件少女命案。而真正的兇手依然逍遙法外。

破案關鍵

已遭死刑定讞的連續殺人犯在其坐牢期間，竟又發生了第四起以相同「犯罪模式」犯下的殺人案件。這讓殺人犯的判刑結果遭到質疑。為了不錯殺無辜，鑑識人員仔細比對四起案件受害女子的手上的「藍色油漆」，發現第一、二、四起案件的油漆含有高劑量的機油，但和第三起案件中的油漆成分不甚相同。由此判斷，原先即將執行死刑的殺人犯，他是模仿了前二件連續殺人案件，才犯下第三起少女謀殺案，而真正的連續殺人犯還逍遙法外。

光鮮亮麗的外表之下：式油漆解密

油漆是將表面著色或進行保護塗裝時所使用的顏料及添加劑，其種類及用途十分多樣。常見的有水泥漆、乳膠漆、保溫漆、隔熱漆、防水漆等。各式各樣的油漆，使用範圍從建築到汽車，使用目的從美觀到保護。

油漆的塗料可簡單分為兩大類，水性塗料和油性塗料。房屋粉刷，大面積的水泥牆壁和天花板使用的是水性塗料；至於門、窗、桌、椅、櫥櫃等木料表面，則是用油性塗料。油漆依其性質和用途也有不同的特性，以下分別介紹幾種常見的油漆：

水泥漆

一般坊間常見的水泥漆可分為油性水泥漆及水性水泥漆兩大類型，油性水泥漆是由耐候性及耐鹼性非常優越之壓克力樹脂（acrylic resin）為主要成分，配合特殊合成樹脂及耐候性、耐鹼性顏料精製而成。這種油漆膜具有堅固、柔韌，耐候性、耐水性、耐鹼性，對水泥面的附著力極強，塗裝之後也很快就能乾燥。調淡時多半添加二甲苯，以利施工。油性水泥漆可使用於一般建築物之水泥內外牆面。不過大部分都是塗裝在外牆。

水性水泥漆又可分為室外用或室內用，室外用的水性漆多半採用耐水、耐鹼性非常優異之水性壓克力樹脂為主要成分，配合耐候性顏料及添加劑調製而成，其具有高光澤度、塗膜堅固、耐水性及耐鹼性特優、耐候性佳等特點，經日曬雨淋不易粉化；室內用的水性漆多半採用耐水、耐鹼性優異之水性樹脂為主要成分，配合遮蓋顏料及添加劑調製而成，其耐水性及耐鹼性優異，一般可以利用自來水調淡，以利塗裝。此類漆品使用清水為溶劑，所以無公害及引發火災的危險。因此廣泛的被使用在辦公大樓、飯店、公共場所、醫院、住宅及廠房等水泥、石膏內外壁之上。

調和漆

調和漆即俗稱的油漆，擦起來油油亮亮的，通常以松香水做為稀釋劑，所以有明顯的臭味。它主要運用在木材、金屬或是外牆的塗刷。因為除污性好，較不怕髒，還可以用力噴水擦洗。市面上所售之調合漆，大部分均由長鏈狀油性酞酸酐樹脂（alkyd resin，亦稱醇酸樹脂）與耐候性顏料及添加劑所製成，適用於室內外之一般鐵材及木製品之塗裝。調合漆之漆膜堅韌、附著力佳、施工容易，但塗裝後乾燥時間需較長。

乳膠漆

乳膠漆是乳化塑膠漆之簡稱，種類相當的多，其使用之樹脂主要成分有壓克力樹脂系（acrylic emulsion system）、聚醋酸乙烯樹脂（poly vinyl acetic acid；PVAC）、聚氯乙烯樹脂（poly vinyl chloride；PVC）、聚乙烯醇樹脂（poly vinyl alcohol；PVA）等，配合耐鹼顏料及添加劑便可調製而成。乳膠漆色系齊全柔和，塗裝簡便容易上手，所以廣泛用於工程業界及一般家庭。

給你一點顏色瞧瞧：油漆鑑識的大方向

為了連接犯罪現場遺留油漆殘跡與其來源的關係，鑑識人員在鑑識的過程中，必須分析些微油漆的物理和化學特徵，包括：顏色、表面結構、漆片邊緣的物理吻合、摩擦撞擊痕跡、塗裝技術漆層顏色及厚度順序、顏料或染料、接合劑等。同時採用不同的油漆殘跡蒐集方法加以測定，使其特徵顯現而易於觀察。

以車禍現場為例，鑑識人員在拍照後即在車輛撞擊位置附近利用非金屬的鑷子或以紙捲成筒狀來採取油漆碎片，採證位置距離撞擊點越近越好，但不可重疊。過程依序為：利用刀片從最外層至最底部層層刮取，並詳細註明刮取位置，分別標誌包裝。如果車禍現場的油漆殘跡沾染於衣物上，由於這個痕跡主要是由擦撞所遺留下來的，因此應把整件衣物移往實驗室，不能隨意割取其上之痕跡。

圖9-1　車禍現場所採集到的未知油漆擦痕樣品

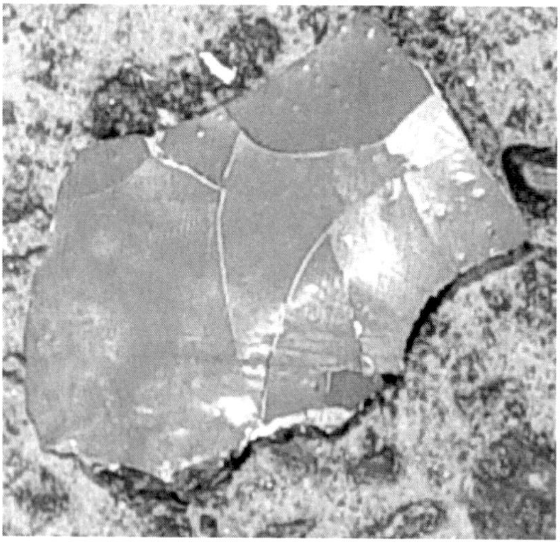

圖9-2　車禍現場採集到的附有油漆證物

採取油漆樣品之後，鑑識分析的首要步驟是利用實體顯微鏡進行檢視。檢視應從檢查封緘、文書資料及注意有無證物污染等問題開始。隨後進行證物的描述。描述應包含證物的情況：特徵、大小、形狀、外表顏色及油漆層數，值得注意的是進行檢視的鑑識人員應隨時摘記樣本情況，摘記方法包含手寫描述、照片、繪圖等；這是因為樣本可能隨時產生局部變化。在比對分析方面，利用油漆片邊緣或表面擦痕，進行如工具痕跡的獨特性特徵比對，這就是物理吻合方法。

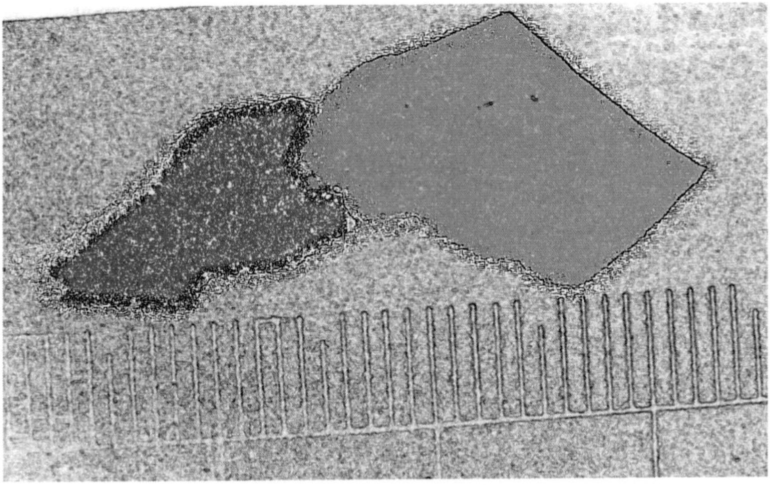

圖9-3　油漆邊緣物理吻合

物理、化學鑑識油漆攏A通

針對油漆鑑識，初步檢視時主要有二大工作：物理鑑識和化學鑑識。物理方面的檢驗主要以區別油漆種類效果絕佳的油漆漆層分析和顯微分光光譜法為主。進行油漆漆層分析時，可採用手工切割或以顯微切片技術或拋光方法等加以處理油漆片後，再利用實體顯微鏡來觀察顯現漆層的表面特徵、顏色順序、層數及各漆層的相對厚度、形狀、雜質及顏料沉積等，此法只用到實體顯微鏡鑑驗，是最簡便且有效的方法。

除了外觀檢查油漆薄層結構外，鑑別顏色也很重要。若僅用眼睛分辨，其辨識力有限，所以必須利用顯微分光光譜技術。其方法是分別利用反射式與穿透式顯微分光光譜法，分析表面或橫切面各種漆色的顏色，比對可見光光譜和顏色色彩座標資料以供判斷。這種技術非常適合用以區別具有相同顏色色彩座標但有不同顏料組成的異質性油漆樣品。另外有一種溶解度試驗，當樣品以光學檢測後結果極為相似時，溶解度試驗可鑑別樣品間之顏料、展色劑及耐候度差異。

相較於物理方法，化學法多為破壞性方法，因此常用於標準樣本之測試。化學方法應用在評估現場樣本的時候，必須得在現場採集到足夠的樣本量。在進行分析時，要注意不同層次之油漆物質應分開反應，以避免相互污染干擾。值得注意的是，油漆樣本在化學物質之反應下，可能會產生軟化、起皺、腫脹或捲曲，油漆層次可能會溶解或崩解，顏料可能會起泡、分解或顏色改變，因此在進行化學法時應該分時段詳加記錄，才能提供完整且詳細的資料。

如果樣品經由上述方法鑑識後仍無法獲得一個明確結果，則可進一步結合其他方法或設備，如採用偏光顯微鏡法，或低溫灰化器、溶劑萃取（以溶劑自漆膜展色劑中萃取出部分或全部有機成分）後再對其成分以紅外光譜、氣相色層分析質譜儀或原子光譜法進行分析。

自從海爾曼（Heilman）在一九六〇年發表以紅外線分析油漆證物的研究成果後，紅外線光譜法被視為分析油漆有機成分外及含有多原子離子的無機成分，例如硝酸鉀、氯酸鉀等非常有效的方法之一。此法藉由偵測有機成分特有分子振動頻率以達到分析的目的。因為現場遺留檢體均相當微小，加上車輛油漆多為多層漆模（如圖9-4），所以紅外線光譜與顯微鏡結合，更能應用於車禍現場汽車油漆成分的分析。

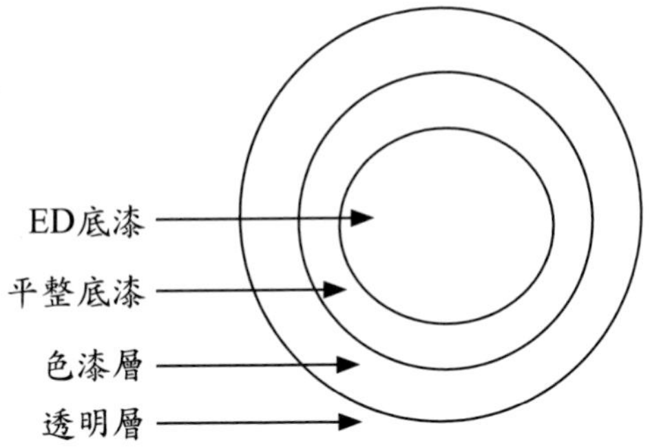

圖9-4　汽車油漆標準之塗料結構示意圖

油漆內的有機成分可藉上述各種方式進行分析，而油漆內的無機顏料成分主要依靠其所含元素成分進行分析。目前常用的方法有原子吸收發射以及螢光光譜法、掃瞄式電子顯微鏡與X光能譜儀、誘導式耦合電漿質譜法等。

實務上送鑑單位多半希望鑑識人員可以提供油漆證物的成分、來源等類化性資訊及未知證物到底與已知證物是否具有相同的來源，以便協助釐清案情。這可不像C.S.I.影集中對於油漆的任何分析結果，都可以在資料庫找到對應的生產工廠或車款那般容易。實際上由資料庫中比對到相似度高的油漆後，還要找到標準品、參考樣品，之後在相同條件下再一一進行分析比對，如果還取得相同結果，才能做出證物與某種油漆相符的結論。

參考資料

1.「油漆種類秘笈・各式油漆解密」，http://www.wretch.cc/blog/cfmedia/26841444。

2.「【室內專題】認識油漆、塗料、工具」，http://ck101.com/viewthread.php?tid=1458929。

3.「分析化學在鑑識科學上之應用」，http://proj3.sinica.edu.tw/~chem/servxx6/files/paper_2932_1231744008.pdf。

4.駱宜安等合著《刑事鑑識概論》之〈第八章　毛髮、纖維與油漆鑑識　（李俊億、謝幸媚、蔡麗琴）〉，中央警察大學，民國九十六年七月。

10 十萬火緝
——消防員的秘密

拉斯維加斯第一季第十二集

影集劇情提要

一名消防隊員被控謀殺妻子和孩子，因而寫信向鑑識小組求助。證據顯示，在消防隊員的妻子與孩子被家中大火燒死前一周，消防隊員買了一桶汽油。但人被關在監獄裡的消防隊員聲稱所買的汽油是為了給除草機加油用。鑑識小組通過實驗證明，消防隊員當天發現家中失火，一時情急，失誤打開了正在燃燒的房間房門，突然湧入的新鮮空氣引起房子更大規模的爆炸。消防隊員不願意別人知道自己作為一個專業消防人士，居然違背了基本的消防常識，於是隱瞞了火災的細節，才導致自己陷入被控謀殺的窘境。

鑑識人員再次回到火災現場，經過仔細勘查，發現火災的真正原因是牆壁裡的電路老化，通電後引起的高溫點燃了洗手間的裡存放的高揮發性清潔劑。鑑識人員接著透過分析清潔劑的成分，查到了販賣地點，這與消防隊員平日出入的商店和購買汽油的地點並不相同，因此推翻了消防隊員的謀殺定罪。

破案關鍵

消防員因為家中發生火災前曾到加油站購買汽油，因而坐實了縱火犯的犯行。但口口聲聲大喊冤枉的消防員是否真的是無辜的呢？鑑識人員重新檢視火災現場的縱火劑殘跡，並帶回實驗室分析，發現縱火劑的成分並非汽油，而是一種高揮發性的清潔劑。因此排除了消防隊員縱火殺害妻女的嫌疑。

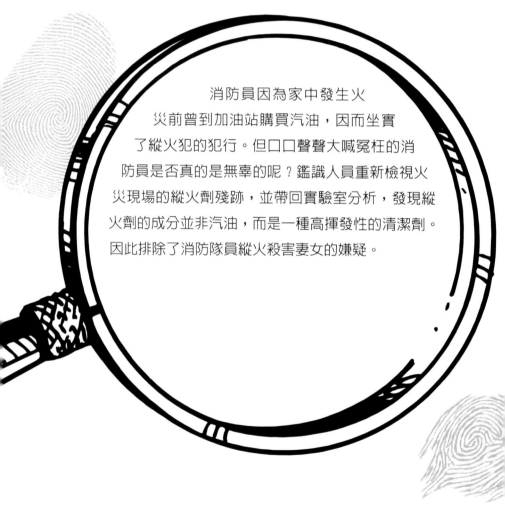

玩火自焚：縱火的因素

火災的發生，除了不可避免的天災意外，較常見的人為原因大概有：為掩飾其他犯罪、為了詐領火險保險金、為了惡作劇、為了報復尋仇、敲詐勒贖、為了滿足不正常的心理需求、心理強迫症行為、群眾暴動，以及恐怖活動而縱火等。

縱火被定義成是蓄意對他人的財產縱火，或是為了非法詐欺的目的而燒了自己的財物。在法律層面，它是刑法的公共危險罪；對生命及財產而言，它的危險性僅次於交通事故；在經濟方面，臺灣每年由於縱火而損失的財產大約有十億左右，縱火讓社會付出慘痛的成本。由此可見縱火案件的鑑識與偵查在維護社會安全方面具有重要的意義。

縱火現場與一般的犯罪現場大不相同。一般的犯罪發生時，警方接獲通報後通常都會迅速的將現場予以封閉，並進行安全戒護以保全證據。不過縱火現場在鑑識人員到達現場之前，已經有消防員、物業管理人員、路人或是財產擁有人在場，現場已經受到一定程度的破壞，加上為求鑑識過程之中安全無虞，鑑識人員都會等待消防人員確定撲滅或降低火勢後才進入現場，所以縱火偵查在進行的當下，所看到的資訊已經不是最初的情況。

再加上高溫之後遺留在現場的相關跡證不多，或遭受到嚴重的破壞，因此縱火案件的破案率也偏低。不過雖然縱火鑑識的困難重重，但仍有許多鑑識人員付出時間與精力，不眠不休的在縱火及爆炸物的案件現場仔細勘驗火場、完整搜尋並找到有用的證物。

水裡來火裡去：縱火現場的現場勘驗及縱火劑鑑識

火的燃燒需要有足夠的熱能來點燃、有燃料的存在來進行燃燒，以及通風的現場可讓氧氣源源不絕的獲得補充而持續燃燒。另外火場熱的傳導、對流與輻射也是會影響起火點以及滅火時重要的因素。鑑識人員到達縱火現場首先要注意的三大重點是：起火點在何處？火勢是如何開始的？造成火災的原因究竟是意外或是人為？

關於起火點的判斷，鑑識人員可以藉由現場消防員來獲得有關熱點（hot spot）位置的資訊、火勢移動的方向、蔓延的速度等。得到初步的訊息之後，再巡視整個犯罪現場，同時紀錄火場的哪一個區域遭受大部分火勢的攻擊。

由於火會隨著燃料的所在位置而延燒，所以還原現場可燃物的排列位置是個重點。另外由於熱空氣會往上飄，因此火會往上燃燒，當其遇到障礙物時會往兩旁燃燒而擴大火燒的範圍。這可在火燃燒至天花板後於天花板上觀察到。起火點一般會形成V形的煙燻圖形，這是因為加熱過的氣體其蒸氣密度下降產生對流現象而形成；而V形的尖點處就是起火點。如在現場發現多個V形起火點煙燻形，則縱火的可能性就大大地增加。

鑑識人員也可透過對下列證據來協助判斷起火點：火場燃燒物碳化程度高、燃燒物被燒毀破壞的程度、燃燒物崩裂的情況、玻璃或金屬變形或熔融的程度、因燃燒與高熱造成油漆褪色程度等。

為了避免搞混意外起火或人為縱火，鑑識人員還要判斷火源是縱火劑或是建築物原來的結構。因此鑑識人員必須在現場尋找是否有缺損的電線或縱火劑痕跡。常見縱火劑有輕、中、重石油蒸餾物，像油質清潔劑、油漆減薄劑和柴油；另外還有石化產物如甲苯、二甲苯、汽油或潤滑油。此外生活中常見的縱火劑還有酒精、木精、松節油等。另外必須要留意的還有任何會造成火災發生的裝置，像線香、蚊香、電暖器等。

由於縱火劑多半呈現液狀，在潑灑到地皮上時會從地板裂縫流到地板下或滲入物品底下。所以在這些地方通常會造成與其他地方不同的燃燒情況。縱火劑存在的地方往往也是碳化最嚴重的地方，這些現象是鑑識人員判斷縱火劑潑灑地點的重要依據。那要怎麼辨別火災現場是不是人為縱火？鑑識人員必須依照現場的條件採用不同的方法：

把你的罩子放亮點：物理特徵辨識法

人為縱火若使用各式縱火劑，所產生的火焰及煙的顏色，一定和天災所產生的火災不同。

一般而言，木頭、紙張和布的火焰為黃到紅色，而煙是灰到棕色；汽油的火焰為黃到白色，而煙是黑色；苯的火焰為黃到白色，而煙是白到灰色；松節油的火焰為黃到白色，而煙是黑到棕色；煤油的火焰為深紅到橘黃色，而煙是黑色；石油精的火焰為藍白到白色，而煙是黑色。如果火勢還在延續，根據這些物理特徵便可以判斷現場是不是人為縱火。

此外，觀察燃燒物碳化型態、起火木板燒透的破洞型態、起火塑膠地板燒融痕跡、混凝土燒裂的型態、現場是否有個多個起火點、現場是否遺留有縱火劑容器和點火裝置，也都能判斷現場是否為人為縱火。

人人都是好鼻師：嗅覺分辨法

嗅覺乃人類天生知本能，如能輔以適當之訓練，常能應用在火場縱火劑的偵查上。一般來說，清晨時嗅聞效果最佳。但是火災之後，現場所釋放大量之煙味會干擾縱火劑味道，從而降低嗅覺偵檢縱火劑之準確度；加上火場中之有毒氣體、懸浮物對人體健康仍有極大威脅，最好等到火場溫度下降，大量有毒氣體被吹散，懸浮物下降附於地上時再進行嗅覺偵檢。

讓狗狗代勞：警犬的應用

一般來說，警犬之嗅覺能力約為人類的二十倍到一百倍，通過靈敏度測驗、縱火劑選別測驗、及現場干擾物偵測三階段訓練並驗收後的警犬，即可參與火場偵檢工作。不過警犬之偵測結果仍須輔以儀器加以再次確認。

讓機器代勞：儀器偵測法

1.觸媒燃燒偵測器

實務單位以往使用觸媒燃燒偵測器來偵測火災現場是否有縱火劑的殘留。觸媒燃燒偵測器是一種利用偵測碳氫化合物氣體的儀器。因為縱火劑多含大量碳氫化合物，利用此儀器掃瞄不同區域，就可以判別出何處含有高量碳氫化合物。不過目前這類儀器已漸由光離子化偵測器所取代。

2.觸媒燃燒偵測器

攜帶式氣相層析儀裝上火焰離子化偵測器，同時連接一支小型填充式分離管柱，便可偵測有機氣體。只是填充式分離管柱欠缺分析能力，對於鑑別縱火劑及干擾物這部分來說無法發揮太大的效用。目前的改良方式是改裝備毛細分離管之攜帶式氣相層析儀。

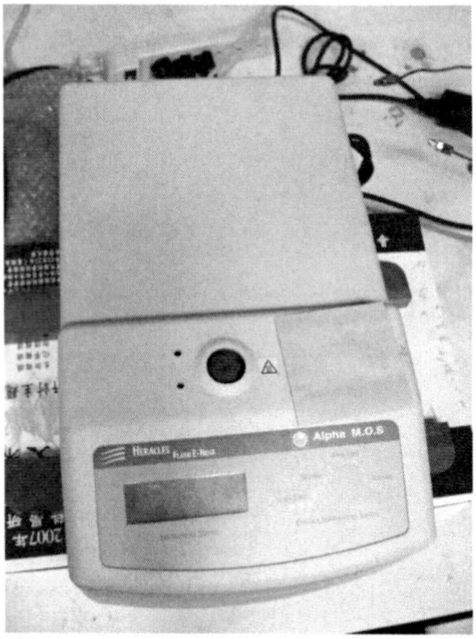

圖10-1　攜帶式氣相層析儀

鑑識實驗室裡的火災鑑識工作：初步處理及縱火殘跡分析

鑑識人員在縱火現場採集證物回來後，由於現場已經遭祝融的肆虐，所有物證皆已被其他東西附著或影響，因此在分析之前，鑑識人員必須將所有可能的證物進行前置處理，以獲得可靠資訊。關於前置處理的幾個常見方法如下：

直接頂空法

直接頂空法係將證物罐加熱至特定溫度後，直接抽取頂空之氣體。這種方法適用於高濃度且高揮發性的樣品；低濃度或低揮發性樣品則不適用。

蒸氣蒸餾法

蒸氣蒸餾法係將檢體放入蒸餾瓶，視情況加入水、氯仿、酒精等一起煮沸，再以冷凝管回收冷凝液。此種方法的優點是它容易計算縱火劑之總量，並可提供進行其他鑑識分析；缺點是操作過程繁瑣費時。

溶劑萃取法

溶劑萃取法係以高純度的正戊烷、正己烷、丙酮、二硫化碳或四氯化碳等有機溶劑萃取可疑縱火劑，再將萃取液蒸發濃縮以供分析之用。此種方法適用於低揮發物質，且回收率高；缺點是使用過程中，由於不具選擇性，干擾物會一併被萃取，此外它還會大量消耗溶劑，不利環保。

靜態頂空吸附法

靜態頂空吸附法係利用活性碳等置入證物罐頂空處以進行吸附處理。一般做法是將樣品加熱，由活性碳吸附後再以溶劑脫附溶離。此法優點為方便、簡單、快速、消耗少量樣品且對樣品不會產生破壞，適用於所有可揮發物質；缺點為易受水分子影響，對高沸點物質的回收率並不理想。

動態頂空吸附法

動態頂空吸附法係將證物罐與氣體驅動裝置連接，加熱證物罐後，將氣體引入，通過活性碳等進行吸附，吸附後以溶劑溶離或加熱脫附。優點與靜態頂空吸附法一樣；缺點為裝置複雜，對水溶性成分回收不佳。

超臨界點流體萃取法

超臨界點流體萃取法係將樣品放入萃取槽中，利用調整壓力與溫度方式使特定氣體成為超臨界流體狀態而進行萃取。流體自萃取槽流出後汽化，而萃取物溶於溶劑中。

常用二氧化碳或甲醇修正為具有極性之流體，以萃取極性縱火劑。優點為超臨界流體兼具液體之溶解性及氣體之滲透性，可快速萃取，並可藉由調整溫度及壓力以求最適當的效果；缺點為儀器裝置昂貴，並須以繁瑣步驟清洗萃取槽。

固相微萃取法

固相微萃取法係以固定的多孔性材質與氣體中的分析物進行分配，平衡後分析物即被吸附在固定相材質中，可依吸附物質選定不同之固定相纖維材質。優點為裝置簡單、容易攜帶、無須使用有機溶劑，且易於自動化；缺點為需使用特定裝置，高沸點成分較無法回收。

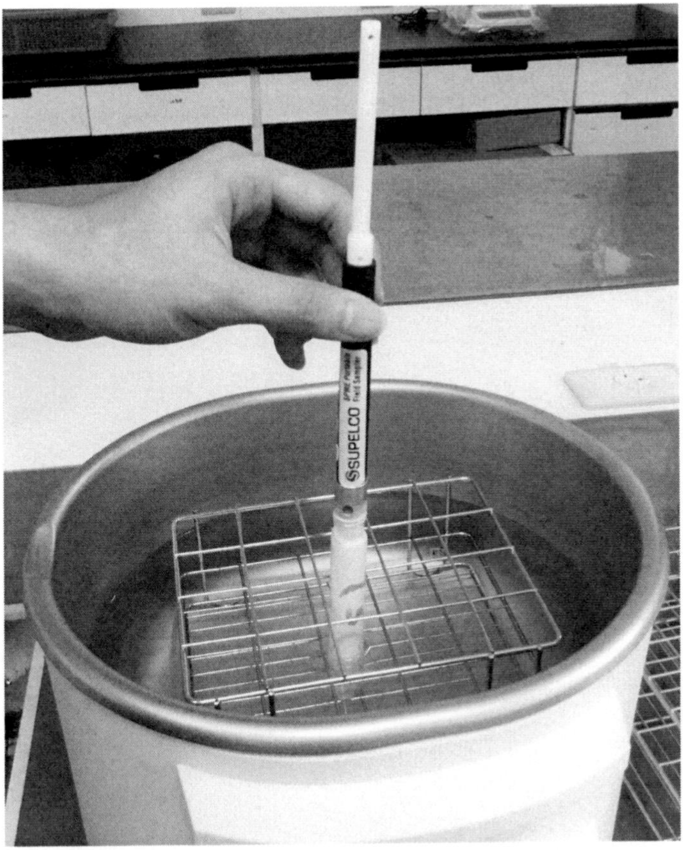

圖10-2　以固相微萃取油漆樣品中揮發性未知有機物
（感謝屏東科技大學黃至君教授提供照片）

透過適合的方法將待分析的樣品進行前置處理，去除雜質及干擾物，把分析物從複雜的基質中萃取出來，並將分析物轉化成為適合氣相層析/質譜法（GC/MS）分析的條件後，便可將分析物注射進入GC/MS中進行分析。樣品在氣相層析儀中由於各種不同成分的分析物與氣相層析儀的分析管柱作用不同，所有分析物就被一個一個分離，接著進入質譜儀，將分析物游離化後，這些分析物被斷裂成具特徵的碎片，根據質量電荷比進行解析，因此便可鑑定出該分析物之分子結構，之後再與資料庫相比對，以實際的標準品及參考樣品進行確認，進而追溯本源，就能找出破案的關鍵線索囉！

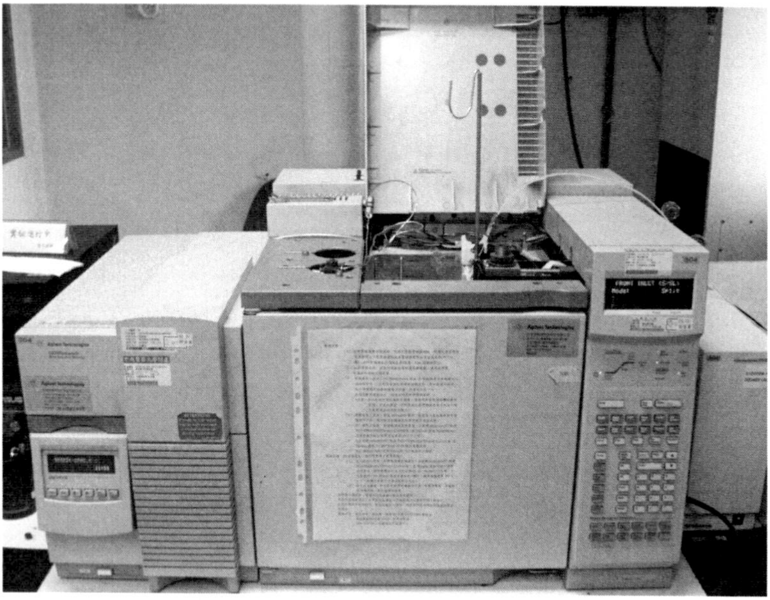

圖10-3　氣相層析/質譜法（GC/MS）儀器

參考資料

1.「TVBS電子報」，
http://www.tvbs.com.tw/news/news_list.asp?no=yehmin20070410151037。

2.張維敦〈縱火殘跡鑑識〉，
http://www.hclf.org.tw/upload/縱火劑殘跡鑑識2011628174435.pdf。

3.駱宜安等合著《刑事鑑識概論》之〈第十一章　縱火物與爆炸物鑑識　（張維敦、孟憲輝）〉，中央警察大學，民國九十六年七月。

11 百毒不厭
——白粉記者

邁阿密第一季第十九集

影集劇情提要

警方護送一批毒品前去銷毀的路上，行經十字路口，遭到一名女子開車衝撞，車禍阻斷了運毒車隊的前進。隨後來了一輛車，車上跳下的人與現場處理車禍的警方駁火，並趁亂將裝有毒品的警車劫走。經鑑識人員勘查現場，發現駕車衝撞車隊的女子車上有一顆並非來自警匪駁火現場的子彈。經過再三施壓，差一點被流彈滅口的駕車女子招認出確實有人付錢唆使她開車衝撞車隊。

為了搜集更多證據，鑑識小組擴大勘查現場，結果鑑識人員之一產生了吸毒之後的幻覺，更因此被懷疑是歹徒的內應。經查原來該員曾到槍戰現場附近一家地磚工廠挖取鑲入地磚產品中的彈頭，而劫匪就是就近將劫得的毒品溶解後塑型成地磚，企圖掩人耳目。沒想到因為鑑識人員誤吸古柯鹼粉末，呈現中毒症狀，反倒使被劫毒品的下落曝光。警方也從工廠工人的口中得到知悉毒品運送路線的地方電視台記者就是劫案幕後藏鏡人的這一線索。

破案關鍵

具成癮性的藥物及致命性的毒物，前者多受法律管制，黑市交易猖獗，往往引發許多犯罪事件；後者威脅生命，可能有意無意間被用來謀財害命。對藥物及毒物的基本了解，是執法人員必備的知識。本案由於受到風紀調查，加上鑑識人員的尿液被驗出有毒品反應，實足讓人生疑。後來了解該鑑識人員的採證路線後，發現到他無意接觸到毒品的場所，使得劫毒案下落不明的毒品因而曝光！根據此一線索，也順利地尋線逮補了犯下毒品劫案的歹徒。

神「膿」嘗百草：常見的毒品種類

藥物若遭到有心人士濫用，使用在非醫療之特定目的，則藥物就成了毒品，而使用毒品的行為就是所謂的「濫用藥物」。常被濫用的藥品——毒品具有「成癮性」、「濫用性」及「對社會危害性」。

依照「成癮性」、「濫用性」及「對社會危害性」的程度，可將毒品分為四級：

第一級：包括海洛因、嗎啡、鴉片、古柯鹼及其相類製品等。

第二級：包括罌粟、大麻、古柯、安非他命及其相類製品等。

第三級：西可巴比妥、異戊巴比妥、愷他命（Ketamine，俗稱K他命）、氟硝西泮（Flunitrazepam，俗稱FM2）、樂百爾（Nimetazepam，俗稱一粒眠）及其相類製品等。

第四級：麻黃素（安非他命原料）、Diazepam（安定片）等。

「癮性」埋名：與毒品有關的黑話

大部分濫用藥物者在進行毒品交易、毒品吸食或是其他與毒品相關事項時，為了避免查緝，習慣以「黑話」或「術語」進行溝通。

術　語	
安仔、安公子、冰糖、鹽	指安非他命
快樂丸、搖頭丸、忘我、Ecstasy	指MDMA
K、Special	K他命
老鼠尾巴	捲成香菸狀的大麻
白粉、四號	海洛因
螞蟻蛋	純度高的毒品
巴	吸食毒品
打管、走水路	從血管注射毒品
開桶（台語）	從鼠蹊部注射毒品
茫	麻醉或安眠藥帶來的欣快感
摔（台語）	毒癮發作的痛苦病症
敖生柴	戒斷症狀時的痛苦

火眼金睛：一眼辨識吸毒者

吸毒初期很難發現，吸毒者又會極力掩飾，妄下判斷是一件危險的事情。但是及早做出判斷非常重要。如果吸毒者已有吸毒徵象，又發現了吸毒的證據，應該協同他的家人、朋友或專業人員進行戒毒輔導。那麼從哪些徵象可以判斷對方是否吸毒呢？

行為怪異

吸毒者的初期徵象通常是行為上的改變。在交朋友、對事對人的態度、衣著習慣、情緒心境、興趣愛好，守時習慣，以及學習與工作表現等方面的改變，都可能顯示一個人染上了這種不良習慣。一般來說，濫用毒品的人，逐漸會變為難以信賴，而且非常懶散。他可能廢寢亡食，常常精神恍惚，遮遮掩掩。這一階段所伴發的犯罪行為往往是為取得購買毒品的金錢而去竊盜或拐騙。

毒品殘留

如果發現對方生活環境中出現不明藥片、膠囊、藥粉、種子、棕綠色的「菸葉」或長的像大麻的植物、皮下注射器和自製香菸菸蒂，這都是服用毒品的證據。吸毒過程中所產生的特殊味道，有些也不易散去，例如大麻草藥燃燒冒出的煙有香氣，可能依附在毛線衫和窗簾上，在不通風的房間內歷久不散。

生理跡象

興奮劑效力消失後，吸毒者除了感到不適及情緒低落之外，還可能會乾咳，唇上輕微脫皮，以及覺得口渴；濫用鎮靜劑可能導致腳步不穩、身體震顫、精神混亂甚至昏迷，鎮靜劑中毒也很像醉酒；海洛因與嗎啡會使人的眼睛的瞳孔縮成針頭小；大麻會使人會變的懶散和昏沉，有時眼睛泛紅；迷幻藥會使人迷惘而傻笑、自我陶醉，或有做惡夢夢見妖魔鬼怪一般的受驚感。如果在肘彎內側看到針痕累累，甚至發膿感染，這也是注射毒品且毒癮甚深的證明。

藥物鑑定：初步與確認

藥物鑑定的分析方式分為預備試驗（或稱初步試驗）與確認分析，預備試驗用以篩檢式樣，以決定後續確認分析的方法或條件。預備試驗的方法分為兩類，一類是設備價格低廉、方法簡便快速的呈色試驗及微晶體試驗；另一類是設備價格較貴，反應程序較複雜的免疫分析法。

呈色試驗

呈色試驗乃係將試劑加入樣品液或固態的殘渣檢體並觀察顏色的變化，藉以判斷藥物種類的方法為實務上常用的篩檢方法。此法簡便快速，缺點是特異性不高、易受干擾、且顏色判讀不易。

微晶體試驗

微晶體試驗乃係利用試劑與特定的藥物（檢體）產生化學反應後，生成特殊形狀的結晶，藉由顯微鏡的觀察以判斷藥物種類的方法。此法準確性較呈色試驗佳，但其無法定量也無法大量自動化操作，目前也很少使用。

免疫分析法（實務上主要用在尿液毒品的篩檢）

免疫分析法是一種具有高度特異性，以「抗原——抗體」的相互作用為基礎的分析技術。藉由抗原（藥毒物）與抗體（分析試劑）的特異性反應分析該藥物種類的方法。

GC/MS法

目前各實驗室均以氣相層析/質譜分析（gas chromatography/mass spectrometry，GC/MS）進行分析，利用連線技術（hyphenated-technique）將氣相層析與質譜儀兩部儀器連接，形成一部能夠進行分離、純化、結構鑑定等多功能的分析儀器。將分析物注入GC/MS中，樣品經由氣相層析儀終將各種不同成分的分析物分離，並一個個地進入質譜儀，並經由質譜儀將分析物游離化、斷裂成具特徵的碎片，以鑑定出該分析物的分子結構。

藥物？毒物？：一線之隔

能對人類或其他高等動物有所影響，使其生理或心理產生特殊預期效果的天然或合成物質，稱之為「藥物」。然藥物與毒物之距離僅僅一線之隔，若無法掌握其中界線，則失之毫釐，差之千里。早在十六世紀，化學家帕拉塞爾斯

（Paracelus）曾說過：「所有的物質都是毒物，而正確的劑量將區分為毒物與藥物」。藥物使用正確，其可用於預防、診斷、治療疾病；然倘若使用不當將會對身體或心理機能產生不良的影響。此時，藥物反而成了毒物。

古代常見毒物：砒霜

「砒霜」的學名為三氧化二砷（arsenic trioxide），化學式為As_2O_3，外觀為白色粉末，無臭、無味，能溶於水、乙醇、酸類及鹼類，三氧化二砷須與金屬鋅及硫酸一起反應，才會產生砷化氫。因為其無臭、無味，且易取得的特性，古代常將之用於毒害、謀殺，只需一點點劑量即能致人於死（約零點二五公克）。

一九五〇年代末期，在台灣西南沿海的北門、布袋、學甲和義竹等地區，開始出現「烏腳病」，因患者雙足發黑而得名。「慢性砷中毒」起初沒什麼症狀，只有因肢體末端血液循環不良，而出現的手腳末端有冷、麻感覺，以及將手、腳抬高一陣子，指尖和腳尖就變成白色的徵候。而後，慢慢地會導致周邊神經炎、四肢末端感覺麻木，一般人手腳如果碰到尖銳的或是熱的東西，就會很快地縮回來；然而烏腳病患者因為手腳末端的末梢神經受到破壞，因此缺乏這種反射動作，使得四肢末端特別容易受傷而發生潰瘍。一般人潰瘍通常很快就會好，但是烏腳病患者的潰瘍卻不容易痊癒，而且會慢慢擴大、變成黑色壞疽，然後繼續往上延伸。

實務上主要利用砷鏡對砷化物進行鑑識。若物質中還有砷，三氧化二砷須與金屬鋅及硫酸一起反應，才會產生砷化氫。接著氣體通過一水平試管，並於試管中央以火焰加熱氣體。加熱會使得砷化氫氣體分解並釋放出金屬砷。金屬砷於試管末端便形成黑色帶有金屬光澤的沉澱物——「砷鏡」。

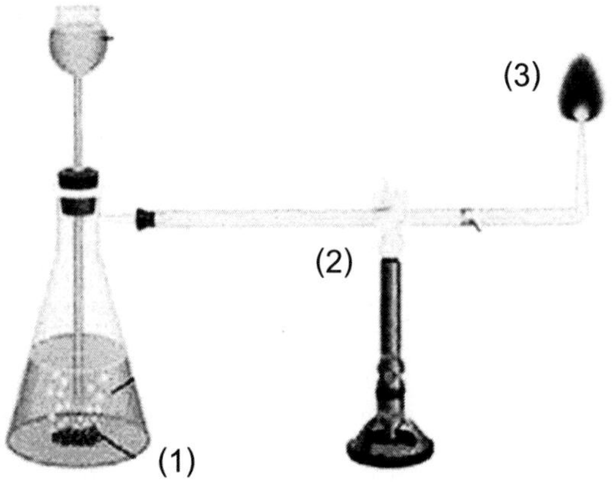

圖11-1　砷鏡反應實驗裝置圖

推理小說中常見的毒物：氰化物

氰化物主要指的是氰化氫（氰酸——HCN）。它的沸點低（攝氏二十六度），在室溫中即可揮發為氣體，無色有異臭，可造成吸入性中毒。其常見的鹽類狀態為氰化鈉（NaCN）與氰化鉀（KCN），外觀為白色潮解性粉末，易溶於水，需口服才能發揮毒性。吞下後由於它會與胃酸作用生成氰酸或氰酸鉀，二者主要藉由抑制呼吸酵素中的細胞色素氧化酶，使組織細胞無法利用氧氣，中毒者會出現缺氧窒息的情況，死因為呼吸麻痺。氰酸的致死量約零點零五公克，氰酸鉀約零點二五公克，二者都是微量即能訊速致死的毒物。

初步鑑識氰化物，會聞到杏仁味，這並不是氰化物恰巧與杏仁的味道相同，而是杏仁中本來就含有中低濃度的苦杏仁苷（amygdalin），它可水解成氫氰酸及苯甲醛。所以聞到杏仁味就代表可能有氰化物存在。一般而言，可以聞出苦杏仁味的氫氰酸含量約為零點二至五ppm（百萬分之一濃度）。但並非每一個氰化物中毒案件中都會產生這股味道，現場有這股味道也未必能被所有人聞到——世界上約有多至百分之四十的人，因為身上特殊基因的緣故，無法聞到這股杏仁味。

參考資料

1.徐健民《刑事化學》，中央警察大學，民國九十二年七月。

2.駱宜安等合著《刑事鑑識概論》之〈第九章　濫用藥物、第十章　刑事毒物　（王勝盟）〉，中央警察大學，民國九十六年七月。

3.陳建仁〈烏腳病導因砷中毒〉，《科學人》二〇〇四年九月號。

4.Lisa Yount《Forensic Science: From Fiber to Fingerprint》2006。

5.Richard Shepherd《Simpson's Forensic Medicine》2003。

6.「濫用藥物防治宣導網」，http://www.stm.org.tw/ecc/A012/flash/home.htm。

12 目送舟痕斃
——鄰居的鑽孔機

邁阿密第二季第廿一集

影集劇情提要

一架小型飛機墜毀在沙灘上，駕駛員當場身亡。鑑識人員檢驗失事的機身，發現引擎的燃油輸送管閥門被炸掉，飛機機艙裡也有大量的可卡因。顯見這架飛機是在走私的過程中墜機。

鑑識人員找上了駕駛員的公司合夥人，合夥人承認為了阻止駕駛員繼續走私，所以在燃油輸送管上動手腳。然而法醫驗屍結果卻發現駕駛員早在墜機之前就已經死於一氧化碳中毒。鑑識人員再回頭檢查機身，發現引擎室和駕駛艙之間被人鑽了一個孔洞，這使得引擎所製造的一氧化碳直通駕駛室。而與駕駛員通姦的鄰居，她的丈夫一開始被懷疑，特別是機身的鑽孔經比對後符合他借給死者的電鑽鑽頭。

然而當鑑識人員根據電鑽鑽頭的所有者而到嫌疑人的家中進行蒐證時，卻意外發現與死者通姦的妻子枕頭套上面留有用化妝品書寫的燃油節能公式，經比對，和死者在華盛頓註冊的專利公式完全相同。原來駕駛員在與鄰居妻子通姦時無意得知她所發明的公式，為了獨佔其未來的可觀利益，死者瞞著對方私自註冊專利。鄰居妻子無法接受自己的發明被侵佔，於是潛入死者家中，利用死者工具箱中的鑽孔機製造了死者的一氧化碳飛行意外。

破案關鍵

飛機失事，初看是駕駛員的公司合夥人於飛機燃油輸送管上動手腳而使得飛機墜毀、駕駛身亡。然而，經由法醫人員的調查發現，該駕駛早已死於一氧化碳中毒！但在飛行過程，死者為何會因接觸一氧化碳而中毒呢？因為發現了新的疑點，鑑識人員重新勘驗機身，發現駕駛室與引擎室之間有一個不應出現的可疑孔洞，該孔洞便是將引擎所製造的一氧化碳導入駕駛室、使得駕駛吸入死亡的原因。偵查人員發現該孔洞是由電鑽鑽頭鑽出，並將該鑽孔與死者所有的電鑽鑽頭進行「工具痕跡比對」，發現二者相符。可是電鑽鑽頭卻是鄰居所有，最後經由不正常的男女關係著手，鎖定了死者鄰居妻子，因而破案。

凡走過必留下痕跡：何謂工具痕跡？

工具痕跡最常出現在竊盜案件中，像是保險箱的破壞、闖空門、破壞門窗等情況，均會出現工具痕跡。而工具痕跡之鑑定，在判定某一特定工具與某特定紋痕之關係。

各式各樣之工具，除了是破壞保全的工具，也可以是殺人的武器。只要工具和物體接觸過程刮擦物品表面，或印上痕跡，則該樣工具即可以被鑑定出來！工具痕跡比對的基礎是「每件工具都有其獨特的痕跡特徵」，只要工具痕跡具備個異性特徵且這些特徵的再現性良好，即可用於比對鑑定留下痕跡的特定工具，但如果痕跡只出現工具的大小和形狀等類化特徵，則僅能用來排除不可能的工具，縮小涉案工具的範圍。

工具痕跡大致分為兩類：由垂直方向運動所產生的印痕以及由水平方向運動的刮痕（striation）。印痕的產生係由一物體加壓於另一物體所產生，其特點是它轉移原物體的大小、形狀、以及細部紋路特徵於受壓物體上；而刮痕係由一物體與另一物體磨擦而產生的條碼狀刮擦紋痕。一般針對工具痕跡多使用比對顯微鏡進行鑑識。

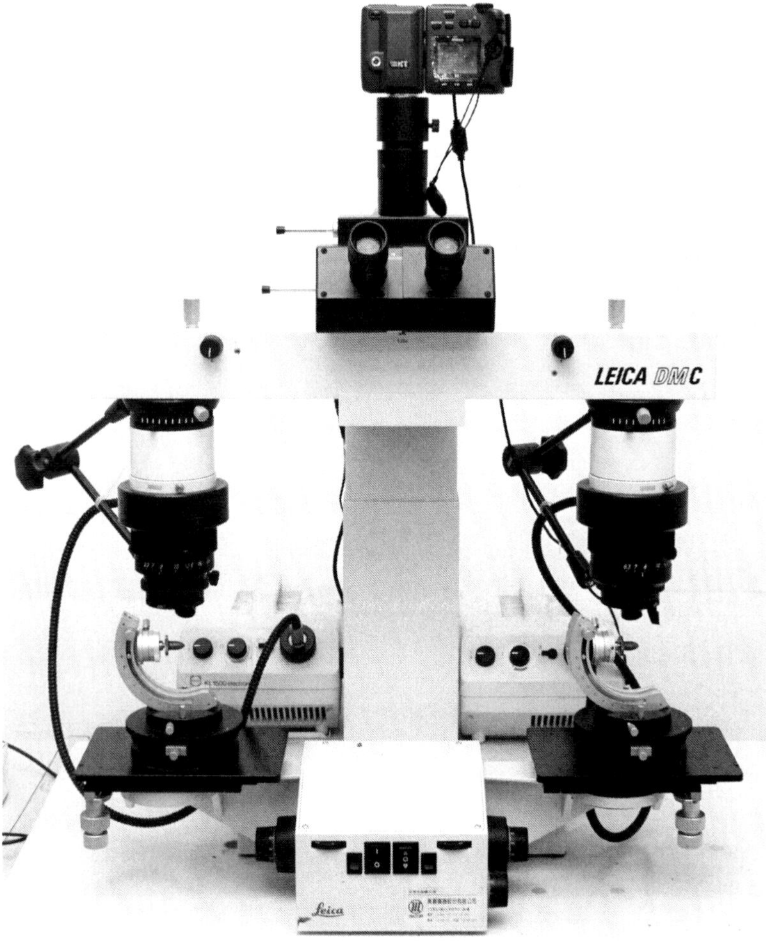

圖12-1　比對顯微鏡（感謝中央警察大學科學實驗室協助拍攝）

一較高下：工具痕跡比對的採樣與痕跡試驗

在刑案現場發現的工具痕跡，必須盡可能地紀錄其特徵細節，以斜角度光源、垂直拍攝、並放置比例尺做近距離攝影。採樣時，盡可能將包含痕跡的整個物體全部帶回實驗室鑑定，如果無法整個帶回，可以用矽膠或石膏製模，將工具痕跡製模送鑑。切記，絕不可以在現場將可疑的工具與現場工具痕跡作接觸性吻合比對，以免破壞了原有的痕跡。

如果查獲涉嫌工具，鑑識人員可以利用涉嫌工具在模擬物面上製成試驗痕跡，將試驗痕跡和現場工具痕跡置於比對顯微鏡下比對鑑識，確認涉案工具。而由於工具使用的方式、力道、角度以及被作用表面材料的特性均會影響工具痕跡的形態，因此，在實驗室內複製與現場痕跡相近的試驗痕跡非常不易，需要不斷改變使用工具的方式以製造足以顯現所有特徵的各種試驗痕跡，再從中尋找最接近現場痕跡者進行比對。

除了常用的比對顯微鏡，目前應用在工具痕跡鑑識方面的還有雷射共軛焦顯微鏡、3D高解析度顯微鏡、顯微白光干涉儀等。但工具痕跡並不像DNA證物，具有可個別特徵化的來源的特性，不過建立系統的分析及比對工具痕跡方式後，則能夠提供協助案件偵查的關鍵資訊。

泥上偶然留鴻爪：常被忽略的鞋底紋路印痕

在犯罪現場最常發現的除了指紋外就是鞋印。罪犯雖然能戴著手套以避免留下指紋，但他們總不會帶著「腳套」犯罪吧？

藉由鞋底的紋路，我們能夠判斷鞋子可能的廠牌——例如鞋底可能有廠牌標誌；也能判斷鞋子的種類——例如登山鞋多為大顆粒的防滑鞋底、藍白拖鞋多為直條紋等。

這些線索都能夠用來縮小嫌犯所著鞋類的範圍。而鞋底紋路也可能因為製造過程的缺失，或鞋底磨損、位置、破洞等特徵而形成具有差異性的鞋印——不同走路習慣的人會穿出不同的鞋底，如此便能像利用指紋一樣利用鞋印辨識身分。

現場留下的鞋印深淺或大小也可用於判斷嫌犯的可能體型，比如大小可研判身高，深淺可研判體重；而遺留鞋印的種類透露了可能有幾個嫌犯在現場；鞋印分布的方向指出著嫌犯在現場活動的路徑。藉由現場遺留的鞋印，我們能判斷出有關案情的資訊相當地多呀！

圖12-2　各式鞋、腳、掌印

參考資料

1.駱宜安等合著《刑事鑑識概論》之〈第十五章　槍彈、工具痕跡和其他印痕鑑識　（孟憲輝）〉，中央警察大學，民國九十六年七月。

13 文鎖遁形
——門上的殺人宣言

拉斯維加斯第一季第十一集

35mm

影集劇情提要

一名尋常的家庭婦女正在超市選購日常生活用品，而天花板滴落的污漬使得她不得不中斷她的購物行程，進到洗手間進行梳洗。但這一梳洗就不見了人影。家屬報案後，承辦的探員在超市洗手間進行蒐證，發現洗手間的某一扇門上有些隱約的字跡。於是將這扇門拆下，搬回鑑識科學實驗室。鑑識人員採用特殊顯像方式，對那扇門進行拍照及底片沖洗後，照片顯示出一行字：「我殺了五個女人，來抓我。」

筆跡專家檢查了廁所門上的字跡，認定它應該是受害人以外的女子所寫下。鑑識人員查詢刑案系統後，找到了分佈在其他超市洗手間門外、也寫著類似恐嚇字樣的廁所門，確認了這些字是屬於同一女子。鑑識人員再根據這些超市的地點分析出連續殺人犯的行進路線，推斷出兇手的職業和目前的位置。最終抓獲了以開冷凍貨運車為生的卡車兇手，而兇手的女朋友在犯案後都會在現場的廁所門上留下文字，她同時也是命案的幫兇。

35mm

破案關鍵

每個人在生活中或多或少都帶有一些習慣，甚至是自己也不知道的固定習性。其中的肢體習性很容易會反映到手寫筆跡當中。長時間所養成的書寫習慣不經意地透露出個人化的書寫習性，比如筆跡圓方、筆劃長短、錯別字、描述或修辭運用的不同等等，這叫作「筆跡特性」。本案經由「筆跡鑑定」，發現了所有案件現場廁所門上所留下的字跡確實為同一女性所為，由此連結各案發地點之間的關聯。所有案件指向為一身份為職業駕駛的連續殺人犯所為；找到兇嫌才發現其共犯女友正是在各個現場留下挑釁文字的人。

文書鑑識，鑑識什麼文書？

文書鑑定就是當鈔票、股票、有價證券、商品標籤包裝、契約、書畫等藝術品以及一切有證明效力之文件可能係偽造或遭竄改時，識別這個文件是真品還是贗品，這樣的一個鑑定工作就叫文書鑑定。

文書鑑定的工作主要分為筆跡鑑定、紙張鑑定以及墨水年代分析。其分析的樣品可分為筆跡、印章、印刷品、不明文字（符號）、複製文書、打印字跡等。有時配合案件偵查，文件上書寫人的指紋、DNA等證物，甚至恐嚇信件上的微生物，也屬於文書鑑定的範圍。

字斟句酌：筆跡鑑定

分析二個以上的筆跡當中，是否有書寫人個別的慣性與獨特性的存在，就叫筆跡鑑定。一般而言，書寫人會有常用的書寫特徵及其個人特殊的筆畫，這些特徵是具有專屬性的。筆跡鑑定依此來判斷某些文字是否為同一人所撰寫，因此這種鑑定又稱為「筆者識別」。

人在進行書寫時，因為書寫技巧是經由長時間學習而來的，所以不同的書寫者，有著不同的書寫習慣；有了不同的書寫習慣，自然會形成個別不同的書寫特性。筆跡鑑定將這些書寫習慣稱之為「筆跡個性」。在學習寫字的初期，因為每個人所學習的模範字形差不多，加上每個人剛開始對文字的感受性也差不多，一般而言此期間每個人的筆跡個性尚未固定。

但是隨著書寫者年齡的增長，以及書寫技巧逐漸成熟，書寫文字中便開始出現書寫者個人筆跡的個性，並且慢慢固定下來。譬如某甲寫字較圓潤，某乙寫字較方正，某丙寫字較大，某丁寫字較小等，因為每個人所書寫下來的文字均有其差異性，就可以根據這些線索來識別不同的書寫者。

固定下來的筆跡個性，反覆的出現在某人書寫的文字中，被稱作「穩定性」；書寫者彼此之間所顯現的不同筆跡個性，被稱作「個人差」；與平均的固定化筆跡個性偏離之筆跡現象，被稱作「稀少性」。筆跡個性不僅呈現在文字全體或其某部分的形態、組成、字劃長短和相對位置，還顯現在字劃間的間隔、字劃間的交叉或字劃接合部分的位置、筆順以及運筆方向。

從以上所提到的部分可以看出某個人的「穩定性」、「個人差」以及「稀少性」等，這三種特性是筆跡鑑定的重要參考和重點。

另外，針對每樣筆跡的檢查，其參考值還有所謂「質」的參考值檢查和「量」的參考值檢查。質的方面，如針對運筆方向：「十」字筆畫交叉位置是在中央或偏左、右；「口」字第二劃的轉折處為偏圓形或偏方形；某些字劃的終筆，是呈停頓或撇狀；撇的方向又有向上或向下，向左或向右；同一個字的筆順是否相同等，這些是屬於質的檢查。

量的方面，如筆畫相互間的角度、長度比和間隔；文字整體或偏旁等文字部分的長寬比；部分筆畫相互間位置的關係等，這些是屬於量的檢查。

除了針對單字書寫的特性進行鑑定之外，文字運用的習慣，如錯字誤用、不同字體的切換（像日文平假名、片假名的使用；中文像簡體字、正體字的使用等）、文字的分段習慣、字句的修辭習慣等，也都會表現出書寫者的個性，這也是筆跡鑑識的重要參考。

歸納出某人某些字體樣本的「穩定性」、「個人差」及「稀少性」資料後，便可比對數個對照組文書資料的相同參考值，以判別它們是否屬於同一個書寫人了。

圖13-1　同一人書寫兩次的差異

「形形」相印：印章鑑定

印章是我們日常生活中所不可欠缺的東西，印章主要使用在法律文書上，用來作為某人的身分證明。一般來說，印章的蓋製因為非常草率，因此有關印章所產生的法律爭議從來沒停過。而當所蓋印文的真偽具有爭議時，就需要對印章印文進行鑑定了。

廣義的來說，只要在印材某一面上雕刻有凹凸文字的物體即可稱為「印章」；在印面沾上印泥的行為稱為「著印」；將著印的印章蓋到文件上則稱作「蓋印」，蓋印也可稱為捺押、捺印。因蓋印所產生的圖像稱作「印文」。

印章的鑑定對象主要就是印文。印文的偽造主要有二種方法，一是單純的偽造印文，二是偽造印章或製作和印章類似的印面並以此進行蓋印等。前者多半利用手繪、轉寫或照相孔版印刷方式等來進行偽造；後者多半利用感光性樹脂的照相製版方式，或光電式及輸入影像等的自動雕刻機來進行偽造。由於以上二大類偽造印文的方法，均是以真正的印文當做原稿來進行複製，所以這些偽造出來的印文，基本上在圖形的呈現上與真正的印文一致，大大增加了印章鑑識的困難。

印章鑑定主要以蓋印出來的印文為檢體。為了降低偽造印文對鑑識結果的影響，必須採集大量的印文樣本，並去核對印文與原印章之印面是否相符。由於印文的蓋印是用凸版印刷的方式進行，所以蓋印所使用的印泥、蓋印壓痕及留下印文的紙張也是印章鑑識的對象。印章的材質和蓋印時所使用之印泥種類會影響印面的印泥附著量，蓋印台和紙張的材質，其差異性則會顯現在蓋印壓痕上，以上種種都是進行印章鑑定時所必須要留意的。

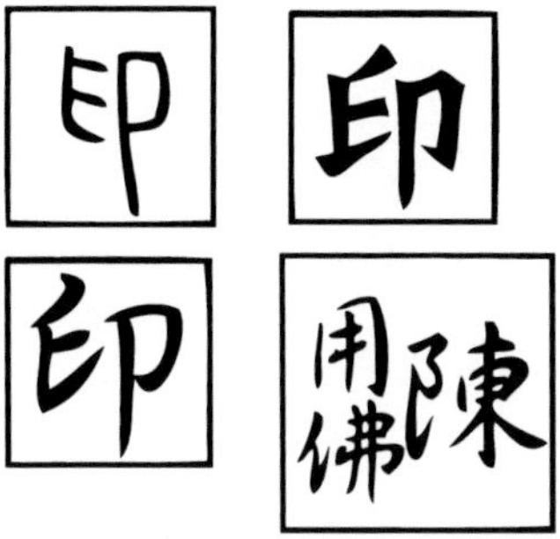

圖13-2　不同字體的印章所呈現出來的陽文差異

「析」刷刷、「析」刷刷、「析」刷刷～～：印刷品鑑定

在傳統的文書鑑定中，因為製作印刷品的技術、設備和所需預算都必須有相當龐大的資產規模，因此「印刷品鑑定」很少成為傳統文書鑑定人員的訓練重點。如此造成文書鑑定人員對印刷技術的瞭解不夠充分。然而部分法律文件及有價證券皆採印刷方式製作，所以針對印刷品所需進行的鑑定工作也就與日俱增。

傳統印刷的種類有：平版印刷（基於油和水互斥的原理，以平面的印版印刷的一種方法）、凸版印刷（凸版的特徵，是印紋部分高出於非印紋，並在印刷紋路上塗上一層油墨或燙金金箔，並將之印於物品之上，在版上看到的都是負像，印後成正像）、凹版印刷（相對於凸版印刷，是印紋從印版表面上雕刻凹下的製版技術）、網版印刷（使用網布製成網版再將非印紋部分的網孔填塞，留下網孔鏤空的印紋部分）。而在電腦科技普及下，像印表機這類無需製版的無版印刷有逐漸取代傳統印刷的趨勢；此外高解析度的電子影印機更成為印刷品仿冒的便捷工具。

在對印刷品進行鑑定時，主要採用「比對檢查」和「分析檢查」兩種方法：前者是根據仿冒及偽造的印刷品進行逐步檢查和比對，以歸納出它和真品印刷品的不同；後者則是針對疑似經過改造、變造的印刷品或無法找到真品比對樣本之印刷品進行分析檢查，研判其是否遭到改造或變造。

過去常利用打字機在印刷品如支票上進行打印，這類印刷品上所留下的穿孔文字也屬於印刷鑑識的工作範圍。鑑定這類樣本時，除了做文字異同識別外，穿孔文字係使用何種器具或機器製作，該機器的型號和廠牌也是鑑定的重點對象。

除了機器印刷和打字機打印外，還有一種印刷品叫作複製文書。複製文書的來源主要有影印拷貝、背碳複寫、感壓複寫這幾種。針對影印拷貝進行鑑定，其工作主要在辨析拷貝品是否與原稿相同，或者是經過塗改、放大、縮小等手法所處理過的變造文書；另外常見的附有複寫紙的貸款申請書，因為牽涉到金錢，最容易遭到變造或改造。進行類似文書的鑑識時，要注意本頁和第二頁以後所記載的文字是否一致，這就屬於背碳複寫或感壓複寫鑑定的範圍。

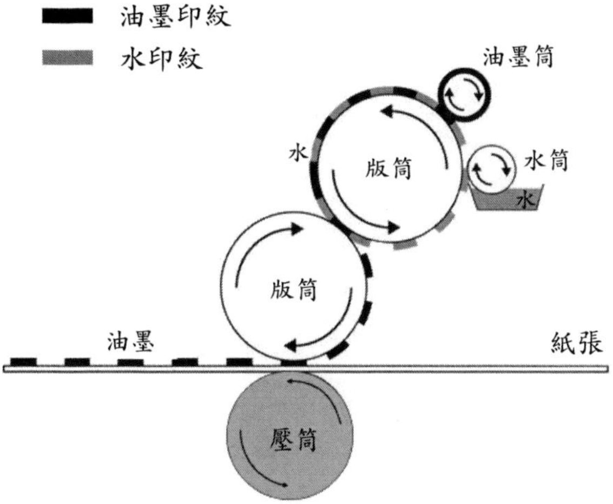

圖13-3　平版印刷原理

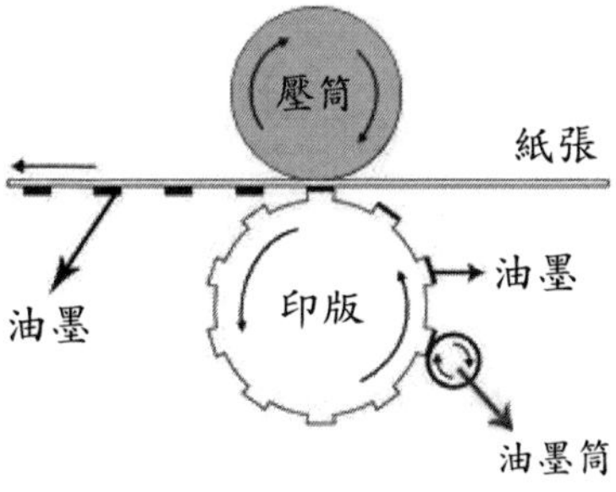

圖13-4　凸版印刷原理

文書鑑定工作的內容

實務上常遇到的文書鑑定工作主要有：擦拭痕跡鑑定、變造痕跡鑑定、壓痕文字鑑定和燒毀文件年份鑑定等：

針對擦拭痕跡所進行的鑑定

文書上手寫字跡的改變，毫無疑問的必定跟隨一個或多個原始字跡的改變，這種改變多半是擦掉原來的字跡並以偽造的文字取代之。有時檢驗人員必須區別可疑文件中的偽造部分，因此需突顯這些改變，以顯示出原始的字跡。

利用簡單的物理擦拭或化學脫色可以移除變造後的文字。物理擦拭是用不同的橡皮擦或刮擦去除變造文字，使原來的文字得以顯現。利用低倍率的顯微鏡觀察，可以觀測到紙張纖維的異常現象與較亮的橡皮擦碎屑殘跡；利用紅外線顯微鏡或紅外線攝影法及化學擦拭法也可以重建擦拭痕跡。

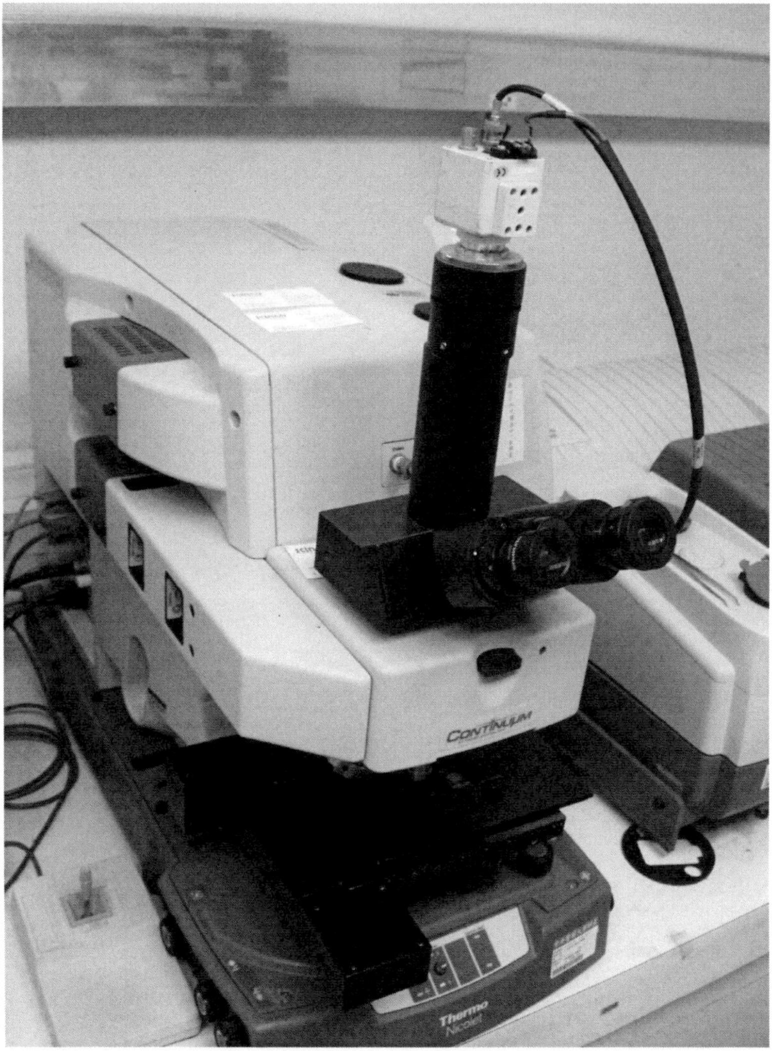

圖13-5　顯微傅立葉轉換紅外線光譜儀

針對變造痕跡所進行的鑑定

實務上最常見被變造竄改的文件是支票、帳簿、遺囑、證照或其他有價證券等。對這類有價證券進行最簡單的竄改即為插入原本沒有的數字串。例如：捌萬元的支票，可在「捌」之前插入「拾」，轉變為拾捌萬元，或者在一三零零元後面多加一個零，轉變為一三零零零。

這一類在文件上添加筆劃的簡單變造，可以在放大鏡下分析書寫材料、色度、字與字之間的間距差異、字體的筆劃或數字的字型外觀等方式察知。另外有一種情況是利用剪掉、去除的方式來進行變造，在這類樣本的檢驗上，就得要靠專業人員的經驗與運氣，將剪掉移除或添加貼上的部分進行比對以完整重建文件的原貌。

針對壓痕文字和燒毀文件所進行的鑑定

壓痕字跡是書寫後留在下方次頁上或其他物質表面上的痕跡。此種凹印壓痕是由書寫工具的壓力留在紙張表面上所造成的。當原本的文件遺失或毀壞後，利用壓痕的檢定，在斜光照射法中便可以辨識出下一層壓痕的字跡，這是最古老也是最為人所熟知的技術。

運用此法，光線的總量、品質和角度都很重要。除了斜光照射法，另一種讓壓痕顯示的辨識的方法稱為螢光粉末法，此法是將螢光粉末噴灑覆蓋在可疑的紙張表面上，去除過多粉末後，在紫外燈下檢視文件，凹陷下去的壓痕因為殘留的螢光粉較多，自會發出亮光而可供辨識。

靜電壓痕顯現儀「ESDA」（Electrostatic Detection Apparatus），筆跡壓痕顯現標準方法的運用原理，是基於壓痕與壓痕周邊紙張的靜電差異，對碳粉產生不同的吸附現象，並將有壓痕處的文字筆劃顯現出來，因此可運用在文件上的筆跡或簽名是否有被描寫、多張壓痕文件的先後書寫關係、文字與印文、指印蓋印先後與有無外加其他筆跡以及撕毀文書的鑑定等。

圖13-6　靜電壓痕顯現儀

針對文件年份所進行的鑑定

常見的必須鑑定文件年份的案件形態有：偽造登錄的帳本、爭議遺囑之紙張、仿冒的古董或歷史文件等。判斷文件年份的話，該文件的紙張、所使用的墨水、其特徵和組成的化學物質是鑑定的重點。一般來說，墨水的年份是文件年份鑑定最有用的參考成分。像是在老舊褪色紙張上卻留下的新鮮墨水，這明顯可以看出文件是偽造的。

如果文件使用早期常見的鞣酸鐵墨水，鑑識人員常使用氯化物移動法來判斷新舊墨水痕跡，這是依據字跡中的氯化物會依時間成線性關係；鞣酸鐵和一些墨水色料，由於光線和氧化的影響會隨時間而褪去顏色，觀察墨水的褪色程度也可以判斷文件的年代。近年來墨水製造商也會在墨水中加入不同的添加物，這對鑑定墨水的年份十分有利；而分析墨水溶劑揮發程度、顏料染劑分解情形以及表面樹脂的硬化程度，也都能判斷文件年代。

除了墨水，紙張也是判斷年份的鑑定對象。就紙張的製作程序而言，古代紙張均為手工所抄製，甚少添加填充料，故組織比較膨鬆，纖維縱橫交錯的情形依稀可見；機器製的現代紙，全部都加膠及填充劑，故外觀看來比較平滑，同時所使用的原料纖維長度較短，又經過打漿機的處理，纖維更顯得細短，因此從紙張的外表不易看出明顯的纖維痕跡。而不同公司在不同時期所生產的紙張，其上都留有肉眼不易察覺出的浮水印，利用紙張上所留下的浮水印也能推斷出文件的年代。

如若將文件紙張纖維分離後，一可分析其染色成分：不同公司在不同時期生產的紙張，其染色成分未必相同，所以可以藉此判斷紙張年代；二可分析其纖維：不同時代被用來製造紙張的原料也不完全相同，像西漢到唐主要用麻纖維製紙，宋主要用竹纖維製紙，現代則以針葉樹、闊葉樹等的木材纖維為主要造紙原料，弄清楚紙張的纖維原料也能推斷出文件的年代。

參考資料

1.「內政部警政署刑事警察局刑事鑑識中心筆跡印文參考手冊」，http://www.cib.gov.tw/CibSystem/Document/File/Writing/00001.pdf。

2.「財團法人臺灣經濟科技發展研究院」，http://www.tedr.org.tw/abountt.asp?myjj=1&myid=5&myid1=134。

3.「近紅外線影像技術在印刷品方面鑑定應用」，http://blog.udn.com/infraread/810135。

4.駱宜安等合著《刑事鑑識概論》之〈第十六章　文書鑑定與語音比對　（林茂雄、徐建民）〉，中央警察大學，民國九十六年七月。

5.「行政院農業委員會林業試驗所手工造紙暨紙質文物維護實驗室」，http://paper.tfri.gov.tw/index.php。

6.「紙裡乾坤」，http://campus2.chgsh.chc.edu.tw/science/content/1986/00090201/0005.htm。

Do科學001　PB0025

破案關鍵

──指紋、毛髮、血液、DNA，犯罪現場中不可不知的鑑識科學

作　　者／陳用佛、鄒濬智、沈文聖
責任編輯／蔡曉雯
圖文排版／賴英珍
封面設計／王嵩賀

出版策劃／獨立作家
發 行 人／宋政坤
法律顧問／毛國樑　律師
製作發行／秀威資訊科技股份有限公司
地址：114 台北市內湖區瑞光路76巷65號1樓
電話：+886-2-2796-3638　傳真：+886-2-2796-1377
服務信箱：service@showwe.com.tw
展售門市／國家書店【松江門市】
地址：104 台北市中山區松江路209號1樓
電話：+886-2-2518-0207　傳真：+886-2-2518-0778
網路訂購／秀威網路書店：https://store.showwe.tw
國家網路書店：https://www.govbooks.com.tw

出版日期／2013年9月　一版二刷　**定價**／280元

|獨立|作家|
Independent Author

寫自己的故事，唱自己的歌

破案關鍵：指紋、毛髮、血液、DNA，犯罪現場中不可不知的
鑑識科學 / 陳用佛, 鄒濬智, 沈聖文著. -- 臺北市：獨
立作家, 2013.09
面； 公分. -- (Do,科學系列 ; PB0025)
ISBN 978-986-89761-4-6 (平裝)

1. 證據 2. 鑑識 3. 刑事偵察

548.6 102014725

國家圖書館出版品預行編目

讀者回函卡

感謝您購買本書，為提升服務品質，請填妥以下資料，將讀者回函卡直接寄回或傳真本公司，收到您的寶貴意見後，我們會收藏記錄及檢討，謝謝！
如您需要了解本公司最新出版書目、購書優惠或企劃活動，歡迎您上網查詢或下載相關資料：http:// www.showwe.com.tw

您購買的書名：____________________

出生日期：________年________月________日

學歷：□高中(含)以下　□大專　□研究所(含)以上

職業：□製造業　□金融業　□資訊業　□軍警　□傳播業　□自由業
　　　□服務業　□公務員　□教職　□學生　□家管　□其它______

購書地點：□網路書店　□實體書店　□書展　□郵購　□贈閱　□其他

您從何得知本書的消息？
□網路書店　□實體書店　□網路搜尋　□電子報　□書訊　□雜誌
□傳播媒體　□親友推薦　□網站推薦　□部落格　□其他__________

您對本書的評價：(請填代號　1.非常滿意　2.滿意　3.尚可　4.再改進)
封面設計____　版面編排____　內容____　文／譯筆____　價格____

讀完書後您覺得：
□很有收穫　□有收穫　□收穫不多　□沒收穫

對我們的建議：____________________

____

____

____

請貼
郵票

11466
台北市內湖區瑞光路 76 巷 65 號 1 樓
獨立作家讀者服務部 收

（請沿線對折寄回，謝謝！）

姓　　名：＿＿＿＿＿＿＿＿　年齡：＿＿＿＿　性別：□女　□男

郵遞區號：□□□□□

地　　址：＿＿＿＿＿＿＿＿＿＿＿＿＿＿＿＿

聯絡電話：(日) ＿＿＿＿＿＿＿＿ (夜) ＿＿＿＿＿＿＿＿

E-mail：＿＿＿＿＿＿＿＿＿＿＿＿＿＿＿＿